すがたをかえる食べもの ずかん

大豆・米・麦・とうもろこし・
いも・牛乳・魚

監修 石井克枝

はじめに

毎日食べている食べもの、たとえば、とうふ、ごはん、うどん、ちくわなどが何からできているのか知っていますか？ 米かな？ 畑で育った野菜かな？ それとも魚かな？ 牛かな？ ぶたかな？ そのままでは食べられないものも、切ったり、まぜたり、熱をくわえたりすることで、いろいろな食べものにすがたをかえて、おいしく食べられています。

この本は、「すがたをかえる食べもの」に注目しています。食べものがどのように、手をくわえられて、へんしんするのか、分かりやすく写真でしょうかいをしています。すがたを

かえる「言葉」にも注目しました。熱をくわえる方法を見ても、「ゆでる」「煮る」「むす」「いる」「いためる」「あげる」とたくさんの言葉があり、それぞれ意味もちがいます。なかには、今では、あまり使われなくなった言葉もあるでしょう。言葉の意味を知る本としても役立ててくださるとうれしいです。

　食べものは、わたしたちの体をつくる大切なものです。この本をきっかけに、みなさんの成長をささえ、健康な体をつくる食べものにきょうみをもってもらえたら幸せです。

監修　石井克枝

すがたをかえる 食べもの ずかん
大豆・米・麦・とうもろこし・いも・牛乳・魚

もくじ

はじめに ……………………… 2
この本の使い方 ……………………… 6

すがたをかえる 大豆

まずはきほんを知ろう！
大豆ってどんな食べもの？ ……………… 8

大豆がこんなにすがたをかえるよ！
大豆へんしんマップ ……………… 12
- ●煮る――水煮 ……………… 14
- ●こす――豆乳　おから ……………… 16
- ●すくう――湯葉 ……………… 18
- ●かためる――とうふ ……………… 20
- とうふいろいろ味くらべ ……………… 24
- ●あげる――油あげ ……………… 26
- ●とりだす――大豆油 ……………… 28
- ●いる――いり豆 ……………… 30
- ●ひく――きなこ ……………… 31

菌が食べもののすがたをかえる
発酵のふしぎ ……………… 32
- ●発酵させる――みそ ……………… 34
- みそいろいろ味くらべ ……………… 38
- ●発酵させる――しょうゆ ……………… 40
- しょうゆいろいろ味くらべ ……………… 44
- ●発酵させる――なっとう ……………… 46
- なっとういろいろ味くらべ ……………… 48

すがたをかえる 米・麦・とうもろこし・いも・牛乳・魚

まずはきほんを知ろう！
米ってどんな食べもの？ ……………… 50

米がこんなにすがたをかえるよ！
米へんしんマップ ……………… 52
- ●たく――ごはん ……………… 54
- ●つく――もち ……………… 56
- ●ひく――上新粉 ……………… 58
- 米の粉でつくる和がしいろいろ味くらべ ……………… 60
- ●やく――せんべい ……………… 62

まずはきほんを知ろう！
麦ってどんな食べもの？ ……………… 64

麦がこんなにすがたをかえるよ！
麦へんしんマップ ……………… 66
- ●のばす――うどん ……………… 68
- めんいろいろ味くらべ ……………… 70
- ●やく――パン ……………… 72
- パンいろいろ味くらべ ……………… 74
- ●とりだす――やきふ ……………… 76
- ●いる――麦茶 ……………… 78

まずはきほんを知ろう！
とうもろこしってどんな食べもの？ ……80
とうもろこしがこんなにすがたをかえるよ！
とうもろこしへんしんマップ ……82
- いる ── ポップコーン ……84
- とりだす ── コーンスターチ ……86

まずはきほんを知ろう！
いもってどんな食べもの？ ……88
いもがこんなにすがたをかえるよ！
いもへんしんマップ ……90
- あげる ── ポテトチップス ……92
- とりだす ── かたくり粉 ……94
- ほす ── ほしいも ……96
- かためる ── こんにゃく ……98

まずはきほんを知ろう！
牛乳ってどんな飲みもの？ ……100
牛乳がこんなにすがたをかえるよ！
牛乳へんしんマップ ……102
- ねる ── バター ……104
- 発酵させる ── チーズ ……106
- チーズいろいろ味くらべ ……108

まずはきほんを知ろう！
魚ってどんな食べもの？ ……110
魚がこんなにすがたをかえるよ！
魚へんしんマップ ……112
- ほす ── ひもの ……114
- ひものいろいろ味くらべ ……116
- いぶす ── かつおぶし ……118
- つける ── めんたいこ ……120
- する ── かまぼこ ……122
- ねりものいろいろ味くらべ ……124

もっとすがたをかえる 食べもののひみつを知りたい

- すがたをかえるひみつのこと、いろいろ調べてみよう！ ……126
- 食べもののはじまりのふしぎ ……128
- 食べもの以外にもすがたをかえる！ ……130
- すがたをかえる食べもののえいようせいぶん ……132
- 食べものをおいしくかえるうま味のふしぎ ……134
- 調べたことをまとめよう ……136

- さくいん ……138
- 取材・写真提供・協力者一覧 ……143

この本の使い方

この本は、大豆、米、麦、とうもろこし、いも、牛乳、魚を、おいしく食べるためにどのようなくふうがされているのか、しょうかいしています。すがたをかえるようすをしょうかいするページを中心に、いろいろなへんしん例をまとめて見るへんしんマップのページ、食べものの味などをくらべるページもあります。

へんしんのようす

食べものがどのように手をくわえられて、すがたをかえていくのか、くわしく見ることができます。

へんしんのくふうの言葉
その食べものがすがたをかえるようすを表す、代表的な言葉を見出しにしています。

こうやって食べるよ
かんせいした食べものの食べ方をしょうかいします。

さらにへんしん!
かんせいした食べものが、さらに別の食べものにへんしんすることをしょうかいします。

へんしんマップ

それぞれの食べものについて、どのようなへんしん例があるのか、まとめて見ることができます。

味くらべ

食べもののいろいろな味、食感、かおりなどをしょうかいします。

食べものまめちしき
食べもののちょっとしたひみつをしょうかいします。

すがたをかえる大豆(だいず)

まずはきほんを知ろう！

大豆ってど

これが大豆

節分の日にまく、黄色い小さな豆が「大豆」です。いろいろなものにすがたをかえて、おいしく食べられています。

おおよそ本当の大きさ。

えいようたっぷりの大豆

大豆は、「ダイズ」というマメ科の植物のたねです。やせた土地でも育つじょうぶな植物なので、世界中で育てられています。

大豆の中には、芽を出すためにひつようなえいようせいぶんがつまっています。これは、ダイズだけではなく、それを食べたわたしたちの体も成長させます。大豆はとても体によい食べものなのです。

大豆をよ～く見てみよう

大豆は、「さや」というふくろに入っている。じゅくした大豆は、とてもかたいが、水をすうとやわらかくなり、やがて芽を出す。

さや
たねを守るふくろのようなもの。

たねがじゅくしたころのダイズ。

へそ
えいようせいぶんを送りこむくだが、さやからつながっていたあと。

半分に切ると…

はい軸
芽になる。

はい乳
えいようせいぶんを多くふくむ。

皮
たねを守る。

んな食べもの?

これ、ぜんぶ大豆

大豆は1しゅるいではなく、さまざまな色や大きさ、味のものがあります。わたしたちがふだん食べている大豆は、「黄大豆」とよばれるしゅるいです。

大豆の代表選手

黒大豆
黒いせいぶんは、目によいといわれている。正月のおせち料理で、煮て食べることが多い。

目の健康によい

黄大豆
黄色の大豆。じゅくす前はえだ豆として食べる。煮豆、いり豆、とうふやみそ、しょうゆの材料になる。

皮がやわらかくて食べやすい

あまいかおり

あま味が強い

赤大豆
赤茶色の皮がとくちょう。うま味が強く、煮豆にするとおいしい。

茶大豆
山形県などで古くから食べられている。じゅくす前の大豆は、えだ豆としても食べられている。

のりのかおりがする

青大豆
じゅくしても青いまま。あま味が強いので、とうふや豆がしの材料になることが多い。

くらかけ大豆
青大豆のなかまで、黒いもようがある。海でとれるのりのかおりがするため、「のり豆」ともよばれる。

大豆になるまで

ダイズは、初夏にたねをまき、秋にかりとります。7月ごろになると、葉がしげり、たくさんのさやの中に、たね（大豆）ができます。できはじめの緑色の大豆は、えだ豆として食べられています。

秋には、じゅくした大豆をかりとる。

たねがじゅくす前にかりとると「えだ豆」
たねが緑色のままかりとるとえだ豆になる。そのまま塩ゆでにして食べる。

暗やみで芽を出すと「もやし」
白いくきがのびた、大豆もやしになる。いため物など、いろいろな料理に使われる。

- さや
- 花
- 大豆

1 芽が出る
畑にまかれたたねは、水をすいこみ、1週間ぐらいで芽が出てくる。

2 花がさく
たくさんの葉が出てきたあと、くきのつけねに、うすむらさき色の花をつける。

3 たねがなる
さやの中にたねがつくられ、ゆっくりとふくらんでいく。

4 たねがじゅくす
たねがじゅくし、緑色から茶色になったら、かりとる。

食べもの まめちしき 大豆はそのままでは食べられない

さやからとりだした大豆は、そのまま食べることはできません。かならず、煮たり、いったりするなど、火を通してから食べます。えいようたっぷりの大豆は、動物にとって、ごちそうです。そのため、大豆は食べられないように、おなかをこわすどくをもっているのです。火を通すと、どくのせいぶんがぐんと少なくなり、食べることができます。

どくのせいぶん

かんそうすると、だ円形から丸い形になる。

だっこく機を使って、さやから豆をとりだす。

ぼうなどでたたいて、さやから豆をとりだす。

大豆がたくさんとれた！

❺ かりとった大豆をかわかす
カビが生えるのをふせぐために、かりとったあと、つるしてかわかす。

❻ 大豆をさやからとりだす
しっかりとかわかすと、さやがよじれて、大豆がとりだしやすくなる。

大豆へ

大豆がこんなにすがたをかえるよ！

\こうばしいかおり/

きなこ
いった大豆を細かくひく。▶P.31

← ひく

いり豆
いって、水分をとばす。▶P.30

← いる

水煮
水につけた大豆を煮る。▶P.14

煮る

ふくらむ

大豆はかんそうさせたものを売っているよ

大豆

すりつぶす

水につける

煮る・むす

発酵させる

こうじ菌
乳酸菌
こうぼ菌
なっとう菌

大豆油
大豆からとりだした大豆油は、サラダ油として使われる。▶P.28

とりだす

まぜる

マヨネーズ
サラダ油に、酢、たまごをまぜる。▶P.29

みそ
大豆をこうじ菌などで発酵させる。▶P.34

しょうゆ
こうじ菌で発酵させた大豆をしぼる。▶P.40

なっとう
なっとう菌によって、発酵させた大豆。▶P.46

12

んしんマップ

ここにある食べものは、すべて大豆がすがたをかえたものです。おなじみの煮豆やとうふ、毎日使うみそやしょうゆも大豆が材料です。大豆は、いろいろ手をくわえることで、食たくをいろどるさまざまなごちそうにへんしんする、すごい食材なのです。

ドーナツ
おからと小麦粉をまぜてあげる。▶P.17

おから
煮た大豆をこしたあとの、のこりかす。
▶P.16

油あげ
油あげせんようのとうふをうすく切って油でからっとあげる。
▶P.26

とうふ
豆乳ににがりを入れてかためる。▶P.20

こおりどうふ
木綿どうふをこおらせ、かわかしてつくる。
▶P.25

豆乳
大豆を煮たものをこす。▶P.16

調製豆乳・豆乳飲料
豆乳に味をつけて、飲みやすくする。
▶P.17

湯葉
すくったまくを食べる
豆乳をあたためるとできる、うすいまくをすくう。▶P.18

煮る 水煮

[にる] 水やだしじるに、生の食べものを入れ、食べられるように熱をくわえる。

かたい大豆を水につけると、水をすってどんどんふくらみます。ふくらんだ大豆をたっぷりの水で煮ることで、やわらかい大豆の水煮になります。

大豆が 水煮に へんしん！

大豆がどのようにして、やわらかい水煮にすがたをかえるのでしょう。

1 水につける

大豆を水につける

大豆がふくらむまで、たっぷりの水につけておきます。ひとばんおいておくと、水をすって2倍ぐらいの大きさになります。

ひとばんおいておいた大豆。

かんそう大豆 → 水につけた大豆

2 煮る

大豆を煮る

なべに大豆とたっぷりの水を入れます。ふっとうするまでは強火、そのあとは弱火か中火でじっくり煮て、大豆が水から顔を出さないように、水がへってきたらつぎたします。つまようじがささるくらい、やわらかくします。

あく

あくや大豆の皮がういてきたら、こまめにとりのぞく。

できあがり！
水煮のかんせい

やわらかく煮こんだ大豆の水煮は、そのまま食べてもあまくておいしいですが、いろいろな料理に使うこともできます。

水煮

こうやって食べるよ

煮豆
こんぶや野菜と煮こんで、しょうゆなどで味つけをする。

ミネストローネ
トマトなどといっしょにスープに入れる。

食べものまめちしき

そのまま使えるべんりな水煮

大豆の水煮をつくるためには水につけたり、煮こんだり、時間がかかります。そこで、そのまますぐに使えるようにやわらかい水煮にしてあるかんづめや、パウチなどのレトルト商品も人気があります。

こす

豆乳 おから

【こす】
かすなどをとりのぞくために、細かい目を通す。

煮た大豆をぬのでこすと、牛乳そっくりの白い液体が出てきます。「豆乳」というもので、大豆のえいようせいぶんがたっぷりつまっています。こしたあとの、のこりかすは、おもに大豆の皮です。これを「おから」といいます。

大豆が 豆乳・おからにへんしん!

大豆がどのようにして、豆乳とおからにすがたをかえるのでしょう。

1 水につける
大豆を水につける

2 すりつぶす
大豆をすりつぶす

やわらかくなった大豆をすりつぶします。すりつぶしたものを「生呉」といいます。

生呉

大豆は皮ごと機械ですりつぶす。

3 煮る

すりつぶした大豆を煮る

水を入れた生呉に熱をくわえることで、大豆の青くささがなくなり、豆乳のかおりにかわります。

ふたをして10分ほど煮る。

4 こす

大豆をこす

煮た大豆（呉）を、ぬのでこします。

豆乳

ぬのでこした呉は、なめらかな豆乳になる。

できあがり！

豆乳・おからのかんせい

呉をこしたものが豆乳、のこりかすがおからになります。おからには、おなかの調子を整える食物せんいがたっぷりふくまれているので、いろいろなものに利用されます。

豆乳

おから

こうやって食べるよ

うの花
いろいろな野菜といっしょに、あまめに煮つけて食べる。

さらにへんしん！

味をつける

豆乳 ▶ **調製豆乳・豆乳飲料**

豆乳に、さとうや塩、くだもののしる、コーヒーエキスなどをくわえて、おいしくしている。

まぜる　あげる

おから ▶ **ドーナツ**

小麦粉におからをまぜてあげると、食物せんいたっぷりのドーナツになる。

すくう 湯葉(ゆば)

【すくう】
液体(えきたい)などの中(なか)からものをさっととりあげる。

豆乳(とうにゅう)をあたためると、表面(ひょうめん)の水分(すいぶん)がかわき、うすいまくができます。これをすくったものが、湯葉(ゆば)です。湯葉には大豆(だいず)のえいようせいぶんが、ぎゅっとつまっています。

大豆(だいず)が湯葉(ゆば)にへんしん!

大豆(だいず)がどのようにして、湯葉(ゆば)にすがたをかえるのでしょう。

1 水(みず)につける　すりつぶす
水(みず)につけた大豆(だいず)をすりつぶす

2 煮(に)る
大豆(だいず)を煮(に)る

3 こす
煮(に)た大豆(だいず)(呉(ご))をこす

へらを使(つか)って呉(ご)をこす。

4 あたためる
豆乳をあたためる

「平なべ」という四角いなべに豆乳を流しこみ、あたためます。豆乳の温度が上がってくると、表面に、少しずつまくがはってきます。これが「湯葉」です。

木のわくをはったなべの下には、あたたかいお湯がはってある。

流しこんだばかりの豆乳。

まく

表面にまくがはり、少しクリーム色がかってくる。

5 すくう
湯葉をすくう

湯葉がやぶれないように、竹ぐしなどで、ていねいにすくいます。

竹ぐしを回しながらすくいとる。

すくった湯葉はたたんで商品のようきへ入れる。

できあがり！ 湯葉のかんせい

生のまま食べる場合は、すぐに重ねてひやします。このままかわかすと、かんそう湯葉になり、長もちします。

湯葉

かんそう湯葉
まいた生湯葉をかんそうさせたもの。かんそう湯葉は、水でもどせばすぐ使えるのでべんり。

こうやって食べるよ

湯葉さし
生のまま、しょうゆをつけて食べる。

かためる（とうふ）

【かためる】
やわらかいものや、液体のものをかたくしたり、ひとまとめにしたりする。

大豆をしぼった豆乳に「にがり」を入れると、みるみるうちにかたまっていき、とうふができます。豆乳と、にがりがまんべんなくまじるように、しっかりまぜることがおいしくへんしんさせるコツです。

大豆が とうふに へんしん！

とうふは大きく分けて木綿どうふと、絹ごしどうふの2しゅるいです。ここでは、大豆が木綿どうふにすがたをかえるようすを見てみましょう。

1 水につける　すりつぶす
水につけた大豆をすりつぶす

2 煮る
大豆を煮る

3 こす
煮た大豆（呉）をこす

こした豆乳は、かためるのにちょうどよい温度になるまでさます。

4 かためる

豆乳をかためる

75度(あついお茶の温度)ぐらいになった豆乳に、にがりをまぜながらくわえていきます。にがりが、むらにならないように、まぜては少しおき、またまぜることをくり返します。

にがりをゆっくりとくわえる。

ゆっくりとかきまぜる。

ふわふわと、かたまってできたとうふを「おぼろどうふ」という。

> **食べものまめちしき**
>
> **豆乳をかためるにがり**
>
> 海水から塩をとりだしたあとにのこる液「にがり」には、豆乳をかためるはたらきがあります。にがりは、とてもにがいのですが、ほんの少しだけくわえればよいので、とうふはにがくはなりません。
>
>

5 かたに入れる

おぼろどうふをかたに入れる

とうふをかためるためのはこを「かたばこ」といいます。木綿のぬのをしいたかたばこに、おぼろどうふを入れます。

かたばこにおぼろどうふをうつす。

おぼろどうふを、ふちまでたっぷり入れる。

6 おしかためる

おぼろどうふをおしかためる

おぼろどうふを入れたかたばこにふたをして、上から重石をのせます。そのまま20分ぐらいおいておき、しっかりを水気をきります。

あな

重石をのせると、はこの横にある小さなあなから、水が出てくる。

水がぬけて半分ぐらいの大きさになった。

食べものまめちしき
とうふ1丁の重さは何グラム？

くわしく決まっていませんが、だいたい300〜400グラムぐらいです。沖縄では1丁1キログラムほどのものも売られています。

1丁 400グラム

7 切る

とうふを切る

くずれないように気をつけながら、とうふをかたばこからつめたい水に出して、四角く切り分けます。切り分けたひとつのとうふは、「1丁」と数えます。

水につけることで、にがりのにおいをとりのぞく。

ほうちょうで切り分ける。

できあがり！
木綿どうふのかんせい

つくりはじめてからできあがるまで、2時間ほどかかります。表面には、木綿のあとがついています。「木綿どうふ」とよばれているのは、そのためです。

木綿どうふ

絹ごしどうふの場合

豆乳ににがりを入れたあと、かきまぜずにそのままかたばこに入れてかためます。絹のようなつるんとした、したざわりなので、「絹ごしどうふ」といわれています。

絹ごしどうふ

豆乳ににがりをまぜ、かたばこに入れてかためる。

 食べもののまめちしき

長もちするじゅうてんどうふ

木綿どうふや絹ごしどうふは、あらかじめ熱をくわえた豆乳に、にがりを入れてかためてつくります。お店でよく見かける、「じゅうてんどうふ」というしゅるいのとうふは、少しつくり方がちがいます。豆乳と、にがりをようきに入れてから、ふたをして、そのあと、熱をくわえてかためます。同時に熱で雑菌が死ぬため、長もちします。

機械を使い、豆乳とにがりをようきに入れる。

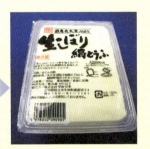

じゅうてんどうふ
したざわりや味は、絹ごしどうふと同じ。

じゅうてんどうふは、ようきがとうふでみたされていて、水が入っていない。

とうふ いろいろ味くらべ

なめらかな絹ごしどうふに、味のこい木綿どうふ。とうふには、つくり方のちがいによって、見た目、やわらかさや味わい、むいている料理もかわります。

なめらかでさっぱり

絹ごしどうふ
水気をきらずにつくっているので、やわらかく、味はさっぱりしている。

やわらかい ◀◀◀

とろけるやわらかさ

よせどうふ
にがりでかためたとうふを、かたばこに入れる前にすくったもの。やわらかくくずれやすいので「おぼろどうふ」ともいう。

水気をきる

こうやって食べるよ

ひややっこ
絹ごしどうふのなめらかさを楽しむ。

ざるどうふ
よせどうふをざるにもったもの。水気がほどよくきれて、よせどうふより少ししまったとうふになる。

▶▶▶ かたい

歯ごたえがあって味がこい

なわでしばってもくずれない！

かたどうふ
北陸地方でつくられている、とてもかたいとうふ。こい豆乳を使って、重石をのせてつくる。

こおらせる かわかす

木綿どうふ
しっかり水気をきるため、水分が少なく、味がこい。煮くずれしにくいのがとくちょう。

やく

やきどうふ
木綿どうふにやき目をつけたもの。木綿どうふより煮くずれしにくい。

こおりどうふ
かための木綿どうふをこおらせ、かわかしてつくる。味がしみこみやすい。「高野どうふ」「しみどうふ」ともいう。

こうやって食べるよ

さしみ
うすく切っておさしみで食べる。

こうやって食べるよ

とうふハンバーグ
水分が少ないので、ひき肉とまぜてハンバーグに。

とうふのようでとうふじゃない！

とうふのような食べもの

たまごどうふ
たまごとだしじるをまぜてかためてつくる。

ジーマーミどうふ
おもに沖縄や鹿児島でつくられている。ピーナッツにでんぷんをくわえてかためる。

あげる

油あげ

【あげる】
熱した油の中に入れて調理する。

油あげは、うすく切ったとうふをあげてつくるので、「うすあげ」ともよばれます。しっかり水分をきったとうふを、高温の油であげると、からっとおいしく仕上がります。

とうふが油あげにへんしん！

とうふ屋では、とうふから油あげをつくっているところもあります。とうふがどのようにして、油あげにすがたをかえるのでしょう。

1 切る

とうふをうすく切る

油あげ用につくったうすい豆乳をかためてとうふをつくります。うすい豆乳でつくらないと、あげがふくらまないからです。油であげる時間をそろえるため、とうふを、同じあつさに切りそろえます。

1センチメートルぐらいのあつさに切りそろえる。

2 おしかためる

とうふをおしかためる

うすく切ったとうふに、重石をのせて、しっかり水気をきって、おしかためます。

1時間ほど重石をのせる。

とうふ

水がぬけて、半分ぐらいのうすさになった。

3 あげる

油でとうふをあげる

水分のぬけたとうふを140度の油であげます。ひくい温度の油であげることで、生地がふくらみます。次に180度の油の入ったなべにうつすと、ふくらんだ生地がからっとあがります。

ひくい温度でとうふがふくらむ。

高い温度でからっとあがる。

できあがり！

油あげのかんせい

味がよくしみこむので、いろいろな料理に使えます。あげを開いてふくろの形にして、中にごはんをつめることもできます。「がんもどき」や「あつあげ」も、とうふを使った、あげのなかまです。

こうやって食べるよ

いなりずし
あまく煮た油あげに、酢めしをつめたおすし。

油あげ（うすあげ）

がんもどき　　**あつあげ**

とりだす

【とりだす】あるものの中からぬきだす。

大豆油

大豆の中の5分の1が油です。かたい大豆から油をとりだすため、ローラーでつぶしてから油をとりだすなどのくふうをしています。

大豆が大豆油にへんしん！

大豆がどのようにして、大豆油にすがたをかえるのでしょう。

1 くだく のばす
大豆をくだいてからのばす

油をとりだしやすいように、熱をくわえた大豆をくだきます。くだいたものをローラーでつぶしてのばします。

くだいた大豆

くだいた大豆をローラーでつぶしてのばす。

2 とりだす
油をとりだす

つぶした大豆に食品てんか物をくわえ、油をふくんだ液をとりだします。これに熱をくわえて、食品てんか物をすべてじょうはつさせて、油だけをとりだします。

油

油にとけないせいぶん

3 とりのぞく①
よぶんなものをとりのぞく

とりだした油を高速で回して、油にとけないせいぶんをとりのぞきます。

回転の力で、油にとけない大豆のせいぶんをとりのぞく。

食べものまめちしき

大豆のしぼりかすのゆくえ

大豆油をとりだしたあとのしぼりかすは「ミール」とよばれ、えいようせいぶんが、たくさんふくまれています。おもに、家畜のえさとして使われます。

4 とりのぞく②

色やにおいをとりのぞく

油の色やにおいのもととなるものをとりのぞきます。

きれいにするまえの油。

きれいにしたあとの油。

できあがり！

大豆油のかんせい

くせがなく、うま味のある大豆油は、なの花のたねからとったなたね油とまぜて、「サラダ油」としても売られています。

サラダ油

こうやって食べるよ

からあげ
とり肉に味をつけ、かたくり粉をつけてサラダ油であげる。

食べものまめちしき

いろいろな食用油

お店で売られている油のほとんどは、植物からとれた油です。オリーブの実からとれるオリーブオイルは、さわやかなかおりがするので、料理に使う以外に、パンにつけて食べたりもします。ごまのかおりがするごま油は、いためもののかおりづけに使われたりします。

ごま油　　オリーブオイル

さらにへんしん！

まぜる

サラダ油 ▶ マーガリン
水とサラダ油などをまぜてかためる。

サラダ油 ▶ マヨネーズ
酢、たまごに、サラダ油をまぜてつくる。

いる

いり豆

[いる]
材料を火にかけて、水気が少なくなるまで熱をくわえる。

節分の豆まきによく使われているのが「いり豆」です。大豆をこげないようにいったもので、こうばしく、かりっとしています。

大豆が いり豆にへんしん！

大豆がどのようにして、いり豆にすがたをかえるのでしょう。

1 水につける
大豆を水につける

2 水気をきる
大豆の水気をきる

やわらかくなった大豆の水気をきり、丸1日おいておき、かわかします。

なるべく大豆を広げてかわかす。

3 いる
大豆をいる

こげないように、ゆすりながらいる。

水気をきった大豆をフライパンに入れ、強火でいります。表面がかわいてきたら、弱火で20分ほどかけていります。

できあがり！
いり豆のかんせい

いった大豆をさませば、かんせいです。食べてみて、かたいようなら電子レンジにかけてみましょう。

いり豆

ひく きなこ

[ひく] ひきうすなどの道具でつぶじょうのものを細かくする。

いった大豆を細かくくだいて、粉にしたものが、「きなこ」です。ひきうすの代わりに「フードミル」という機械を使って、粉にすることもできます。

大豆が きなこにへんしん！

大豆がどのようにして、きなこにすがたをかえるのでしょう。

1 いる
大豆をいる
かんそうした大豆をそのままいります。

しばらくするとこうばしいかおりがただよってくる。

2 ひく
大豆を細かくひく
フードミルを使い、大豆を粉にします。

粉になるまでひく。

3 ふるう
粉になった大豆をふるいにかける
粉になった大豆を、ふるいにかけて、小さなかすをとりのぞきます。

\できあがり/
きなこのかんせい
さとうを入れて、おもちにつけたりして食べます。

細かい粉をふるいおとす。

きなこ

菌が食べもののすがたをかえる
発酵のふしぎ

わたしたちのまわりには、目に見えないほどの小さな菌がたくさんいます。この菌には、食べものをくさらせたり、わたしたちを病気にしたり、悪いことをするものもありますが、食べものをおいしくへんしんさせるものもいます。菌たちが、食べものにつき、もとの食材にはなかった味やかおり、えいようせいぶんが生まれることを「発酵」といいます。

これが発酵食品

- なっとう
- みそ
- しょうゆ
- ヨーグルト
- チーズ
- かつおぶし

どうして発酵するの？

発酵食品は、それぞれの食べものに決まった菌がつくことでできます。なっとうは「なっとう菌」、ヨーグルトやチーズは「乳酸菌」というように、生える菌によって、できる食べものが決まっているのです。

菌は、食べもののえいようせいぶんをとりこみやすくするため、それをばらばらに細かくします。こうすることで、発酵食品からは、もとの食材にはない、うま味やえいようせいぶんが、引きだされるのです。

こうじ菌
「でんぷん」をあまい「糖」にかえる。
写真提供：国立科学博物館

こうぼ菌
こうじ菌がつくった「糖」を、お酒のもとになる「アルコール」にかえる。

なっとう菌
大豆の「タンパク質」を、うま味のもとになる「アミノ酸」にかえる。

乳酸菌
牛乳の中の「乳糖」を、すっぱさのもとの「乳酸」にかえる。

「くさる」と「発酵」は同じ？

　食べものにカビが生えてくさるのも、菌が原因です。菌が、食べもののえいようせいぶんを、くさいにおいや、まずい味のもと、おなかをこわすどくにかえるのです。

　でも、食べものをくさらせることも、発酵させることも、えいようせいぶんを細かくするという、菌のはたらきは同じです。その中で、おいしく食べものをへんしんさせることを「発酵」、食べられなくなってしまうことを「くさる」とよんでいます。

みかんにつくカビは、「アオカビ」という小さな菌がふえてできたもの。

くさった大豆となっとうとのちがい

　食べものをくさらせる雑菌が大豆についてふえると、その大豆はくさって、食べられなくなってしまいます。でも、「なっとう菌」というしゅるいの菌だけがふえた場合、それは、なっとうになります。

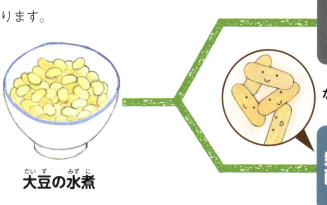

大豆の水煮

食べものをくさらせる雑菌

くさる → **くさった大豆**
雑菌が大豆をくさらせる。

なっとう菌

発酵 → **なっとう**
なっとう菌がなっとうのねばりと、うま味のもとをつくる。

食べものまめちしき　こうじ菌が大かつやく！

「こうじ菌」とは、カビのなかまです。米や麦、大豆などにこうじ菌をつけて、「こうじ」をつくります。米にこうじ菌を生やしたものを「米こうじ」といい、みそやしょうゆ、日本酒や、ひなまつりに飲む「あま酒」などのさまざまな発酵食品をつくるもとになります。

米こうじ

あま酒は、おなかにやさしく、すぐにえいようとして体にきゅうしゅうされる。

発酵させる　みそ

【はっこう】
菌を利用して、食べものが、おいしくすがたをかえること。

むした大豆をすりつぶしたものに、「こうじ菌」というカビをつけて発酵させた「米こうじ」とあわせると、みそができます。よくまぜあわされた材料は、風通しのよいうす暗い場所に長い間おいておくと、うま味やかおりを生みだします。

大豆が みそに へんしん！

みそは、米みそ、麦みそ、豆みその3しゅるいに分けられます。ここでは、大豆が米みそにすがたをかえるようすを見てみましょう。

1 水につける
大豆を水につける

2 むす
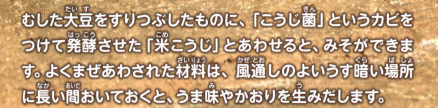
大豆をむす
大豆をむし煮にします。

大きなかまで7分ほどむす。

3 さます
大豆をさます

熱いままだと、大豆を発酵させるこうじ菌が熱で死んでしまうので、人の体温ぐらいまでさまします。

むしあがった大豆。

4 すりつぶす
大豆をすりつぶす

さめた大豆をすりつぶします。こうすることで、大豆のえいようせいぶんがとりだしやすくなります。

機械に入れて、すりつぶす。

米こうじの じゅんびをする

米こうじは、あらかじめ、じゅんびしておきます。むした米に、こうじ菌をつけると、米のえいようせいぶんをもとにたくさんふえて、米こうじができます。米こうじは、大豆のうま味やあま味を引きだす大切な材料です。

米をむす。

こうじ菌を、むした米につけて育てる。

こうじ菌が出す「こうそ」は、大豆のうま味やあま味を引きだす。

米こうじ。米のまわりにある、粉のようなものがこうじ菌。

5 まぜる

大豆、米こうじ、塩をまぜあわせる

米こうじと塩をまぜ、そこにすりつぶした大豆を入れ、よくかきまぜます。塩を入れるのは、大豆をくさらせる雑菌がふえてしまうのをふせぐためです。塩を入れると、こうじ菌も死んでしまいますが、こうじ菌が出したこうそは、大豆の中にのこります。

みその中にのこったこうそは、大豆のうま味やあま味を引きだす。

機械に入れてまぜあわせる。

木おけを使うと、おけの中の温度がかわりにくく、味にばらつきがなくなる。

6 つめる

材料をおけにつめる

まぜあわせた材料を大きなおけにつめます。空気が入らないように、上からおしつぶしながらていねいにつめていきます。空気が入ると、雑菌がふえやすくなるからです。

足でふみながら、材料をつめていく。

食べものまめちしき 重石をのせる理由

みそをおけにつめたあと、かならず、ふたの上に重石をのせます。重石をのせることで、ふたがよりしっかりしまり、空気を入りにくくします。また、重石がみそをおしつけて、おけのそこにたまる水分を上におしあげます。こうすることで、雑菌をふえにくくするのです。

つめたみその上に和紙をしくと、のぼってきた水分をすってくれる。

ふたをしたあと、重石をのせる。

7 発酵させる

菌がはたらき、発酵する

こうじ菌の出したこうそは、大豆のタンパク質から、あま味のもとや、うま味のもとをつくっていきます。また、もともとおけにすみついている、乳酸菌やこうぼ菌もいっしょにはたらき、さん味や、酒のようなかおりもくわわっていきます。これらがあわさり、おいしいみその味になっていくのです。

数か月後、おけの中のみその味にちがいが出ないように、みその上の部分とそこの部分を入れかえる。

できあがり！ みそのかんせい

おけに入れてから、10か月後ぐらいが食べごろ。塩がたくさん入っているので、長もちします。

米みそ

食べものまめちしき　へんかするみそ

おけの中のみそでは、こうじ菌のこうそや、乳酸菌、こうぼ菌がはたらきつづけています。10か月以上、そのままのじょうたいでおいておくと、さらに発酵が進み、みその色はこくなります。また、味はすっぱくなり、酒のかおりが強まります。

左から①おけに入れてすぐのみそ、②おけに入れて3か月後のみそ、③おけに入れて10か月後のみそ、④おけに入れて2年以上のみそ。

みそ いろいろ 味くらべ

みそのしゅるいはたくさんあります。使うこうじによって大きく、「米みそ」「麦みそ」「豆みそ」の3しゅるいに分けられます。全国各地でどくとくの味やかおりのみそがつくられています。

米みそ

「米こうじ」を使うみそです。日本各地でつくられています。色のちがいによって大きく3つに分けられます。

米こうじ。

かおりが強い

赤みそ
から口のみそ。戦国武将の伊達政宗がつくらせたのがはじまりといわれている。

こうやって食べるよ
さばのみそ煮
こいみその味とかおりで、魚のくさみをおさえる。

少ししょっぱい味

淡色みそ
から口のみそで、日本でいちばん多く食べられている。どんな料理にもあわせやすい。

こうやって食べるよ
五平もち
つぶしたごはんにみそをぬって、あぶって食べる。

あま味が強い

白みそ
米こうじがたくさん入っているため、あまいのがとくちょう。

こうやって食べるよ
ぞうに
関西などでは、ぞうにといえば上品なあまさの白みそでつくる。

麦みそ

麦にこうじ菌を生やした「麦こうじ」を使ったみそで、九州や瀬戸内海のまわりで多くつくられています。「いなかみそ」ともいわれます。

麦こうじ。

まろやかな味

九州麦みそ
麦こうじのたっぷり入ったあまいみそ。

こうやって食べるよ

さつまじる
鹿児島につたわる、とり肉や野菜を入れた、みそしる。

豆みそ

大豆にこうじ菌を生やした「豆こうじ」を使ってつくります。発酵させる時間が長く、黒っぽい色をしています。かたく、味のこいみそです。

豆こうじ。

東海豆みそ
愛知県や三重県、岐阜県などでつくられるみそ。「八丁みそ」ともいう。

味がこい

こうやって食べるよ

みそ煮こみうどん
豆みそのしるで、かためのうどんを煮こんだもの。

調合みそ

米みそ、麦みそ、豆みそなどをあわせてつくるみそのことです。「あわせみそ」ともいいます。2しゅるい以上のみそをあわせることで、まろやかさや、こくが出ます。

米みそ / 豆みそ

すきな味になるように、さまざまなみそをあわせる。

発酵させる
しょうゆ

[はっこう] 菌を利用して、食べものが、おいしくすがたをかえること。

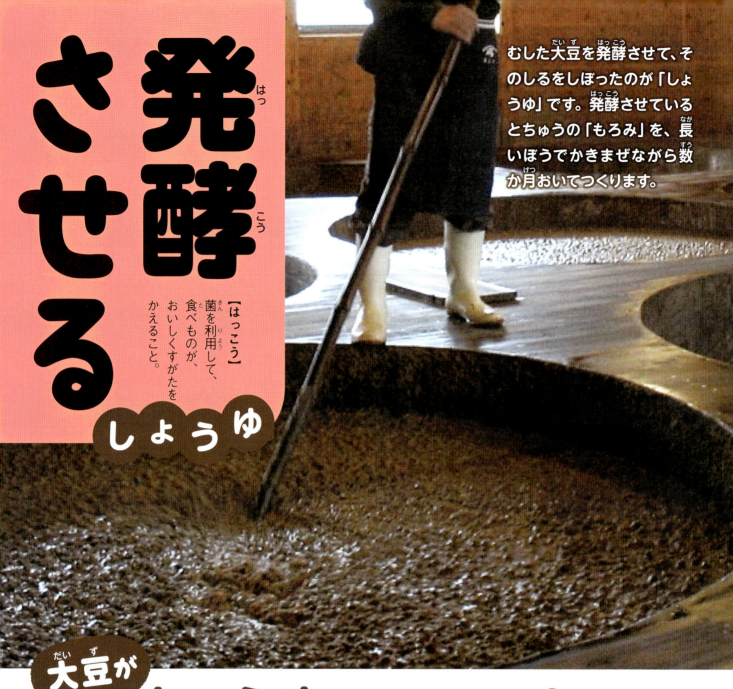

むした大豆を発酵させて、そのしるをしぼったのが「しょうゆ」です。発酵させているとちゅうの「もろみ」を、長いぼうでかきまぜながら数か月おいてつくります。

大豆が しょうゆにへんしん！

大豆がどのようにして、液体のしょうゆにすがたをかえるのでしょう。

1 水につける　むす
水につけた大豆をむす

2 いる
小麦をいる

小麦は、こうじ菌のえいようになり、しょうゆのあま味や、かおりを出すための材料に使います。小麦は、いって細かくくだきます。

いって水分をとばした小麦。

3 まぜる

大豆に小麦とこうじ菌をまぜる

むした大豆に、くだいた小麦をまぜ、こうじ菌をまぶし、よくまぜあわせます。

機械でまぜあわせていく。

4 発酵させる

発酵させて「しょうゆこうじ」をつくる

まぜあわせたものを、30度にたもった部屋におきます。3日もたつと、こうじ菌がたくさんふえ、「しょうゆこうじ」ができます。

部屋の中は、とてもむしあついため、こうじ菌がふえやすい。

表面の緑がかった粉のようなものがこうじ菌。

大豆や小麦の表面で、たくさんふえたこうじ菌。こうじ菌の出す「こうそ」は、大豆や小麦のうま味やあま味を引きだす。

塩水をしょうゆこうじにまぜているところ。

5 まぜる

しょうゆこうじに塩水をまぜる

しょうゆこうじを大きなおけにうつして塩水とよくまぜ、「もろみ」をつくります。茶色くてどろどろしています。

まぜたばかりのもろみ。どろどろしている。

6 発酵させる

もろみを発酵させる

こうじ菌の出したこうそは、数か月から1年かけて、小麦や大豆のえいようせいぶんを、あま味や、うま味にかえます。また、乳酸菌やこうぼ菌もいっしょにはたらき、しょうゆどくとくのすっぱい味や酒のようなかおりもくわわっていきます。

もろみの入ったおけがおいてある、くらのようす。このくらに、こうぼ菌や乳酸菌がすみついている。

発酵しやすいように、ぼうでもろみをかきまぜて空気を入れる。

仕こんですぐのもろみ。

10か月たったころのもろみ。

食べものまめちしき

みそがきっかけでできたしょうゆ

いろいろ説がある中に、しょうゆは、鎌倉時代にはじまった、みそづくりがきっかけで生まれたという話があります。みそをつくるおけのそこにたまったしるが、今でいう「たまりしょうゆ」になったのがはじまりといわれています。

7 しぼる
もろみをしぼる

かんせいしたもろみを少しずつぬのでつつんでいくつも重ね、上からおしてゆっくりしぼります。ぬのからしみでたものが「生しょうゆ」です。

ぬのを広げた中に、もろみを入れる。

もろみを入れたぬのを重ねていく。

つつんだぬのをプレス機でおしていく。

生しょうゆ

8 熱をくわえる
生しょうゆに「火入れ」する

生しょうゆに熱をくわえて、菌のはたらきを止めます。しょうゆの味やかおりも整います。

鉄板

2まいの鉄板の間を通るくだに、生しょうゆを流して、熱をくわえる。

9 つめる
しょうゆをびんにつめる

火入れしたしょうゆは、検査されてから、びんにつめられます。

機械でびんづめしていく。

しょうゆのかんせい

びんやペットボトルなどにつめられて、お店にならびます。

できあがり！

43

しょうゆ いろいろ味くらべ

しょうゆは、5つのしゅるいに分けられます。つくられる地方や使い道によって、色や味がちがうのです。どんなしゅるいがあるか見てみましょう。

こい口しょうゆ

いちばんよく売られているしょうゆ。調理をするときに使ったり、料理にかけたりと、いろいろな使い方ができる。

まろやかなあま味

こうやって食べるよ

すきやき
しょうゆとお酒、さとうなどをまぜたたれで、あまからく味つけする。

うす口しょうゆ

関西で多くつくられているしょうゆ。色がうすく、かおりもひかえめだが、こい口しょうゆより、塩分は高い。

色がうすめで味はこい

こうやって食べるよ

茶わんむし
色がうすいので、きれいな色に仕上がる。

 食べものまめちしき もろみを食べる

しょうゆをしぼらずに、もろみのまま食べることもあります。ごはんにのせたり、調味料としても使われています。「しょうゆの実」ともよばれています。

もろみ

たまりしょうゆ

中部地方でつくられているしょうゆ。あまり小麦を入れず、ほとんど大豆だけでつくる。大豆のうま味をたっぷりふくんでいて、とろみがある。

うま味とかおりが強い

こうやって食べるよ

ぶたの角煮
熱をくわえるときれいな赤みが出てくる。

さいしこみしょうゆ

山口県から九州にかけて、多くつくられているしょうゆ。しょうゆこうじに、火入れをしていない生しょうゆをまぜてつくる。色も味もかおりもこく、どろりとしている。

色、味、かおりがこい

こうやって食べるよ

野菜のしょうゆあえ
野菜にかけて食べる。

白しょうゆ

おもに、愛知県でつくられているしょうゆ。大豆を少なめにし、小麦をおもな材料にしてつくるしょうゆで、あま味のある、やわらかな味がとくちょう。

うすくちよりも色がうすい

こうやって食べるよ

とうがんのえびあん
食材の色がきれいに見える。

発酵させる なっとう

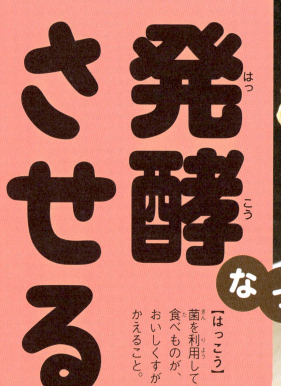

【はっこう】
菌を利用して、食べものが、おいしくすがたをかえること。

なっとうのどくとくのにおいとねばねばは、「なっとう菌」という菌がつくりだしたものです。このねばねばがなっとうのおいしさのもとです。

大豆が なっとうに へんしん!

大豆がどのようにして、なっとうにすがたをかえるのでしょう。

1 水につける
大豆を水につける
大豆をひとばん水につけます。大豆は、水をすって2倍以上の大きさになります。

大豆はよくあらい、そのあと水につける。

2 むす
大豆をむす
やわらかくなるまでむします。

大きなかまでむす。

3 ふりかける
大豆になっとう菌をふりかける

熱いうちに、大豆になっとう菌をふりかけます。なっとう菌は、熱に強い菌なので、ほかの菌が生きていられない熱い場所でも、生きのこることができます。

なっとう菌が入っている水をかける。

4 つめる
大豆をようきにつめる

なっとう菌をまぜた大豆がさめないうちにようきに入れて、ふたをします。

機械で大豆をつめる。

5 発酵させる
せんようの部屋で発酵させる

ようきに入れた大豆を、なっとう菌が元気でいられる温度にたもたれた部屋に入れ、発酵させます。

▲部屋の中は38〜42度ほど。

ねばねばの糸

なっとう菌が、大豆のタンパク質を分解してできたうま味のもとを糸のようにつなげていく。これがねばりのもと。

食べものまめちしき
わらでつつんだなっとう

なっとう菌は、おもに、イネや、そのなかまの雑草にいます。むかしの人は、大豆をいなわらでつつみ、そこについているなっとう菌の力を借りて、発酵させて、なっとうをつくっていました。

わらでつつんだなっとう

6 ひやす
冷蔵庫でひやす

発酵がすんだ大豆は、ようきに入れたまま冷蔵庫でひやし、発酵をゆるやかにします。

できあがり
なっとうのかんせい

かんせいしたなっとうは、ひやしたままお店にならびます。温度が高いと、発酵がさらに進み、においがきつくなり、おいしくなくなるからです。

なっとう

なっとう いろいろ味くらべ

みなさんがよく知っている、ねばねばしたなっとうは「糸引きなっとう」といいます。また、なっとうといっても、糸を引かないものもあります。

大つぶなっとう（大豆の味が楽しめる）
大つぶの大豆を使ったなっとう。豆がふっくらとしていて食べごたえがある。

小つぶなっとう（ねばねばが強い）
小つぶの大豆を使った納豆。ねばりが強くて糸もよく引く。大つぶのものより、小つぶのものが多くつくられている。

ひきわりなっとう（赤ちゃんにも食べやすい）
大豆をくだき、皮をとりのぞいてから発酵させたもの。細かくなっているので、食べやすく、消化もよい。

こうやって食べるよ

なっとうごはん
まぜやすくねばりも強く、ごはんによくあう。

こうやって食べるよ

なっとうじる
しるにねばねばがとけだすので、なっとうのねばりが苦手な人も食べられる。

糸を引かないなっとう

ほしなっとう（ぼりぼり食べられる）
糸引きなっとうをほして、かんそうさせたもの。そのままおやつとして食べられる。

寺なっとう（塩味のきいたなっとう）
こうじ菌で大豆を発酵させたあと、かんそうさせた、ねばらないなっとう。「大徳寺なっとう」ともいう。

すがたをかえる
米・麦・とうもろこし・いも・牛乳・魚

まずはきほんを知ろう！

米ってどんな

米は、「イネ」という植物のたねです。水と熱をくわえてたくと、やわらかくておいしい「ごはん」になります。日本では、毎年たくさんの米がつくられていて、わたしたちの主食となっています。

これが米

色が白いのはでんぷんが入っているから。

でんぷんのつまった米

米の中には、芽を出すためにひつような「でんぷん」というえいようせいぶんがつまっています。

でんぷんは、わたしたちが体を動かすためのエネルギーのもとにもなります。

イネ　穂

米をよ〜く見てみよう

ひとつの穂におよそ70つぶぐらいの「たねもみ」ができる。米は、「もみがら」というかたい皮と、「ぬか層」という、うすい皮につつまれている。

たねもみ
もみがらをとりさる前のもの。

半分に切ると…

もみがら
米をつつむかたい皮。

はい乳
白米の部分。

ぬか層
米をつつむうすい皮。

はい芽
芽になる。

食べもの？

いろいろな米

日本の米の中で、毎日わたしたちが食べているのは、「うるち米」といわれるものです。うるち米は、コシヒカリやアキタコマチなど、さまざまなしゅるいに分けられます。また、もちになる「もち米」や、お酒にするための「酒米」など、加工の方法にあわせたイネも育てられています。

うるち米

ふだんわたしたちが食べる米。色は半とうめい。

しゅるいは300以上。味や風味、ねばりなどがちがう。

赤米
「古代米」ともいわれる。もち米のものもある。

酒米
日本酒をつくるための米。

もち米

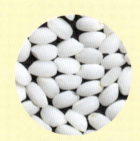

うるち米とでんぷんのしゅるいがちがうため、より白い。むすと、うるち米よりもねばりが出る。

白米ができるまで

かりとられた穂から、まず、たねもみをとりはずします。そして、たねもみのもみがらをとりのぞくと、玄米になります。玄米のぬか層をけずり、はい芽をとりのぞけば、白米になります。

ぬかをとりさった「無洗米」
ふつうに売られている白米は、わずかにぬかがのこっている。かんぜんにぬかをとりさった「無洗米」という米もあり、あらわずに米をたくことができる。

無洗米

たねもみ

❶ もみがらをとりのぞく
かたいもみがらをとりのぞき、玄米にする。

もみがら

とりのぞく

玄米

❷ ぬか層をけずる
米の表面についているぬか層やはい芽をけずりとる。

けずる

ぬか

白米になった！

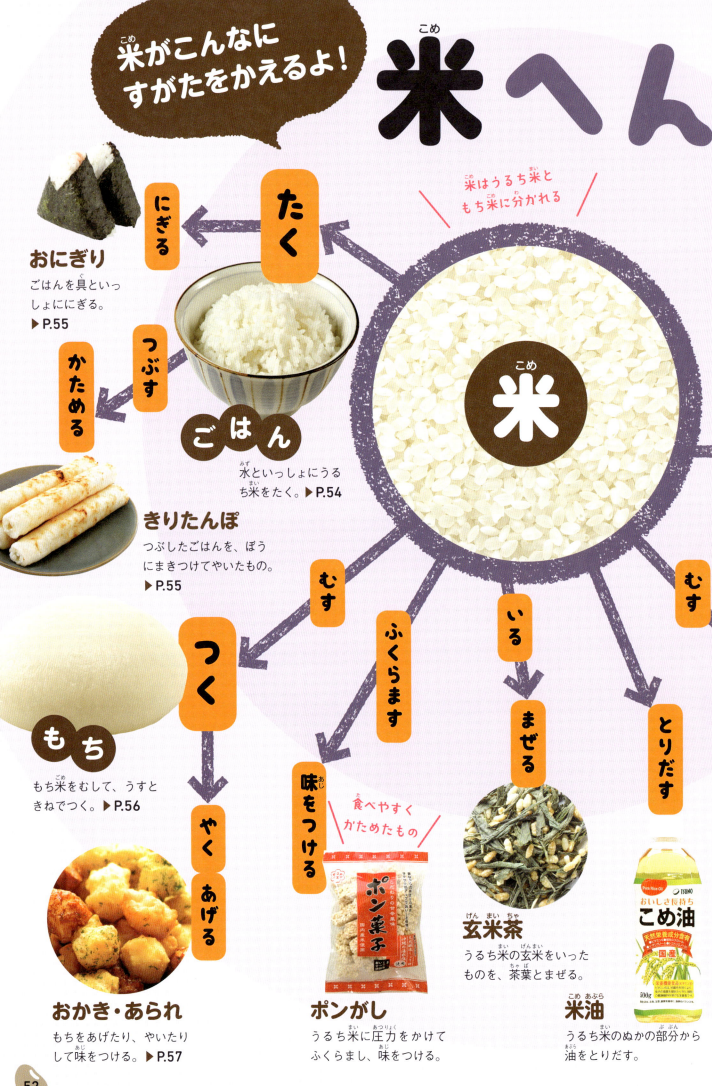

しんマップ

白米といったら、たきたてあつあつのごはんを思いうかべる人も多いでしょう。でも、米は、だんごやせんべい、調味料など、さまざまな食べものにすがたをかえ、おいしく食べられています。

上新粉
うるち米を細かい粉にする。▶P.58

ねる → ゆでる → やく

だんご
上新粉を水でねってゆでる。▶P.59

米粉パン
上新粉よりきめの細かい米粉に、水やバターなどをくわえてねって、発酵させてやきあげる。

ひく

まぜる → こねる → 発酵させる → やく

むす → 細くのばす → かわかす

せんべい
米粉をむして、うすくのばしてやいたもの。▶P.62

ねる

ビーフン
米粉をねって、めんにしたもの。

発酵させる

こうじ菌

こうじ菌 → こうぼ菌

こうじ菌
こうぼ菌
さくさん菌

酢
うるち米からつくった酒に、さくさん菌をくわえて、さらに発酵させたもの。

あま酒
ごはんに水をまぜてあたためたものに、こうじ菌を生やした米こうじをくわえて発酵させる。

おとなの飲みものだよ！

日本酒
米こうじに、水、こうぼ菌をくわえ、発酵させる。

たく

【たく】
米などを煮て、食べられるようにする。

米はすいはん器でかんたんにたくことができますが、なべでもできます。土なべで、米と同じぐらいのりょうの水といっしょに火にかけて煮ます。熱をくわえることによって、米の中のでんぷんがやわらかくふくらみ、おいしいごはんができます。

米が ごはんにへんしん!

米がどのようにして、ごはんにすがたをかえるのでしょう。

1 はかる
米のりょうをはかる

米は、むかしからある日本のはかり方、「合」ではかります。米用の計りょうカップを使うと、すりきりいっぱいで1合です。

1合のりょうは、180ミリリットル。

2 とぐ
米をあらう

米をあらうことを「とぐ」といいます。米は、水にとけだした、ぬかやほこりをすいこむので、さいしょに入れた水はすぐすてます。あとは、3〜4回、水をかえながら、とぎます。

とぐことで、ぬかやほこりが落ちる。

3 水につける
米を水につける
しばらく水につけて、米に水をすわせます。米が水をすうことで、米がやわらかくなり、たくときに、米の内がわに熱をつたえやすくなります。

夏は30分以上、冬は1時間以上水につける。

4 たく
火にかけてたく
米と同じりょうの水を入れ、強火にかけます。ふっとうすると、なべのふたがゴトゴトいって、いきおいよく湯気が出ます。そうしたら、米がこげないように弱火にかえます。

5 むらす
ごはんをむらす
なべぞこからパチパチとかわいた音がしてきたら、いらない水分をとばすため、10秒間だけ強火にします。そのあと、ふたをしたままむらします。むらすことで、米の内がわまで水分を行きわたらせます。

しっかりと強火にかけることで、なべの中で米が動き、しんのない、ふっくらとしたごはんにたきあがる。

できあがり！ ごはんのかんせい
いらない水分をとばし、ごはんがかたまらないようにするため、しゃもじで、そこからまぜかえします。

さらにへんしん！

にぎる
ごはん ▶ おにぎり

ごはんを手でにぎり、形を整えた食べもの。いろいろな具を入れる。

つぶす かためる
ごはん ▶ きりたんぽ

つぶしたごはんをぼうにまきつけてやき、なべものに入れて食べる。

ごはん

なべのそこには、こうばしいおこげができる。

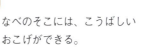

つく もち

[つく]
きねなどの先で強く打つ。

もち米も、うるち米と同じで、米に水分と熱がくわわると、中のでんぷんがやわらかくなります。もち米のでんぷんは、うるち米のでんぷんよりも、ねばりがあります。あたたかいうちにつくことで、よくのびるおもちになります。

米が もちにへんしん！

米がどのようにして、もちにすがたをかえるのでしょう。

1　とぐ　水につける
もち米を水につける

といだもち米を、1～2時間水につけておき、米に水分を行きわたらせます。

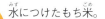
水につけたもち米。

2　むす
水をきって、せいろでむす

もち米の水をしっかりきって、せいろを使ってむします。もち米は、水を入れてたくと、べちゃべちゃになってしまうからです。できたものが「おこわ」です。

かまで湯をわかし、その上にせいろをのせ、じょう気でむす。

せいろ

3 つぶす
おこわをつぶす
うすに入れたおこわをつぶします。

もち米がつぶれるぐらいにこねる。

4 つく
きねでつく
きねをふりおろして、つぶしたおこわをつくと、ねばりが出てきます。きねをもつ「つき手」の人は、もちをひっくり返す「返し手」の人と、こきゅうをあわせながらテンポよくつきます。

つき手。きねをふりおろして、手早くつく。

5 丸める
ひとつずつ丸める
手にもちがくっつかないように、上新粉などをまぶしながら、丸めます。

少しずつちぎって丸めていく。

返し手。手に水をつけて、もちを返す。

できあがり！
もちのかんせい
つきたてはやわらかく、そのまま食べてもおいしいです。かたくなっても、やいたり、煮たりすれば、またやわらかくなります。

もち

さらにへんしん！

こうやって食べるよ

ぞうに
つゆにおもちと、具を入れた、正月に食べる料理。

やく　あげる

もち ▶ おかき・あられ
あげたり、やいたりしたもちに味をつけたおかし。

ひく

上新粉

[ひく]
ひきうすなどの道具でつぶじょうのものを細かくする。

うるち米をひいて粉にした米粉のうち、目の細かいものを「上新粉」といいます。上新粉は水をすうと、もちもちとした食感の食べものにすがたをかえます。

米が 上新粉にへんしん！

米がどのようにして、上新粉にすがたをかえるのでしょう。

1 とぐ
米を水でとぐ

ごはんをたくときと同じように、米をといで、きれいにします。

3～4回ほど水を入れかえる。

2 かわかす
米をかわかす

米をざるやバットにあけて、丸1日かわかします。

丸1日おいた米。

3 ひく
米を細かくひく

しっかりかわかした米をフードミルに入れて細かくひきます。

粉になるまでひく。

食べものまめちしき　石うすでひく

むかしは、「石うす」という、上下に重ねた石をすりあわせて、粉にする道具を使っていました。石うすは、米以外に、大豆やそば粉など、いろいろなものを粉にすることができます。

上のあなから米を入れて、ふたつのうすの間ですりつぶす。

4 ふるう
粉になった米をふるいにかける

ふるいを使って細かく粉になっているものと、あらいつぶに分けます。

ふるいには、あらいつぶがのこる。

5 する
あらいつぶをする

ふるいにのこったあらいつぶを、すりばちとすりこぎを使ってすりつぶします。つぶれたら、粉になったものとあわせます。

力を入れて粉ごなにする。

できあがり！
上新粉のかんせい

だんごや、すあまなどの和がしの材料になります。

上新粉

上新粉にさとうや水をくわえてまぜ、むしたり、ゆでたりして熱をくわえると、ねばりが出てくる。

さらにへんしん！

ねる　ゆでる　やく

上新粉 ▶ だんご

上新粉を水でねって、お湯でゆでるとだんごができる。あまからいたれをかけると、みたらしだんごに。

ねる　むす

上新粉 ▶ すあま

上新粉にさとうと水をまぜてねり、むす。

米の粉でつくる和がし いろいろ味くらべ

うるち米からつくる上新粉のほかに、もち米からつくるもち粉や白玉粉などがあります。これらは、あまくておいしい和がしの材料になります。

うるち米▶上新粉

うるち米をあらい、かわかしてから粉にしたものです。上新粉でつくる和がしは、もちっとした食感で歯ごたえがあります。

> ややかためで歯ごたえのある和がしができる

さらにへんしん！

[むす / ねる / はさむ]

上新粉▶かしわもち
上新粉をむしてつくったもちに、あんこをはさみ、かしわの葉でつつむ。

さらにへんしん！

[まぜる / むす]

上新粉▶ういろう
上新粉、さとう、水をまぜたものをかたに入れて、むしたもの。

食べものまめちしき　ほかにもあるうるち米の粉

うるち米をひいてつくる粉は、粉の細かさでよび名がかわります。目が細かいものを上用粉、目があらいものを新粉とよび、上新粉はその中間にあたります。

目が細かい　上用粉 …… 紅白まんじゅうなど。
上新粉
新粉 …… せんべいなど。
目があらい

もち米 ▶ もち粉

もち米をあらい、かわかしてから粉にしたものです。もち粉でつくる和がしは、やわらかくて、よくのびます。

やわらかくてよくのびる和がしができる

ねる　つつむ

もち粉 ▶ 大福

もち粉と水とさとうを、火にかけながらねっていく。できた生地であんをつつむ。

もち米 ▶ 白玉粉

もち米を水といっしょにひき、出てきた白い液体をしぼります。のこった粉のかたまりをかわかしたのが白玉粉です。白玉粉でつくる和がしは、もち粉よりもなめらかな食感です。

つるんとなめらかな和がしができる

まぜる　ゆでる

白玉粉 ▶ ぜんざい

白玉粉と水とさとうをまぜてつくっただんごをゆでて、あんこのしるものにひたす。

もち米 ▶ 道明寺粉

むしたもち米をかわかし、それをあらくひいたものです。米の食感がしっかりのこっています。

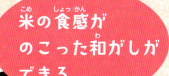

米の食感がのこった和がしができる

むす　つつむ

道明寺粉 ▶ さくらもち

おもに関西で食べられているさくらもち。道明寺粉をむしてつくった生地であんこをつつみ、さくらの葉でくるむ。

やく せんべい

【やく】 火にあぶって熱を通し、食べられるようにする。

うるち米をあらめにひいた米粉（新粉）を使います。ねったものをかわかし、じっくり火を通すと、こうばしいせんべいになります。

米が せんべいにへんしん！

米がどのようにして、せんべいにすがたをかえるのでしょう。

1 ひく — 米を細かくひく

といだうるち米をひいて粉にします。あらめにひくと、米のつぶがのこるため、かたいせんべいになります。

つぶの細かさは、せんべいのしゅるいによってかえる。

2 むす — 水とまぜてむす

米粉と水を大きななべの中でまぜあわせながら、むします。

米粉の細かさによって、むす時間をかえる。

3 つく
生地をつく

むした生地をつきます。時間をかけてつくことで、なめらかにして、こしを出します。このこしが、やいたあとのパリッとした食感になります。

きねとうすを使ってつく。

4 かわかす
形をととのえてかわかす

うすくのばした生地を丸く切りぬき、かたくなるまでかわかします。

ほす場所によって、かわきぐあいがちがうため、1まいずつ、たしかめる。

5 やく
何度もひっくり返してやく

白からはだ色、はだ色からきつね色になるまで、こまめにひっくり返しながら両面をやきあげます。

あわせあみ

あわせあみに、せんべいをはさんでやく。

6 味をつける
しょうゆをぬって味をつける

しょうゆをぬっていきます。熱いうちにぬることで、味がよくしみこみます。しっかり味をつけるため、ぬったりやいたり、何回かに分けて味をつけるときもあります。

はけを使ってしょうゆをぬる。

\できあがり/
せんべいのかんせい

かんそうさせたらできあがりです。生地の中にまぜるものや、ぬるものによって、いろいろな味のせんべいができます。

せんべい

まずはきほんを知ろう！

麦ってどんな

麦は、イネのなかまの植物です。「大麦」や「小麦」「エン麦」などのしゅるいがあり、世界中でたくさんさいばいされています。麦の中でいちばん食べられているのが小麦です。パンやピザ、うどんなどのめん類のほとんどは、小麦を粉にしたものからつくっています。

これが麦（小麦）

つぶを粉にして食べる。

歴史が古い食べもの

小麦は、1万年以上前からさいばいされています。8000年ほど前には、たねをひいて粉にしてやいた、パンのようなものを食べていた記録がのこっています。

小麦をよ〜く見てみよう

もみにつつまれたたくさんの小麦が、ひとつの穂についている。もみの中には、かたい外皮につつまれた小麦のつぶが入っている。

穂が黄金色になったころがしゅうかく時期。

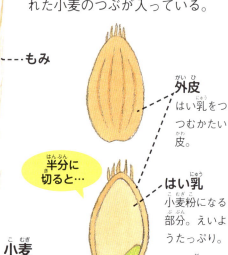

穂

もみ

小麦

外皮
はい乳をつつむかたい皮。

半分に切ると…

はい乳
小麦粉になる部分。えいようたっぷり。

はい芽
芽になる。

食べもの？

いろいろな麦

日本では、小麦と大麦のなかまがさいばいされています。小麦は粉にして食べますが、大麦は、ごはんにまぜてたいたり、お茶にして飲んだりします。

水でこねると、ねばりが出る。かたいつぶの小麦ほど、よくねばる。

こうしつ小麦
いちばんかたい小麦。水をくわえるといちばんねばりが出る。パンなどに使われる。

中間しつ小麦
かたさは中ぐらい。うどんなどに使われる。

なんしつ小麦
いちばんやわらかい小麦。クッキーやおかしなどに使われる。

小麦のようにねばりがないので、パンやうどんなどには使われない。

六条大麦
いって麦茶にしたり、押麦にしてごはんにまぜたりして食べる。

二条大麦
発酵させて、ビールなどの材料にする。

はだか麦
押麦にしてごはんにまぜたり、麦茶やみその材料にする。外皮が外れやすく、加工しやすい。

小麦粉ができるまで

小麦は、はい乳が外皮とぴったりくっついていて、かんたんに外れません。そのため、皮ごと粉にして、ふるいにかけて、皮の部分をとりのぞき、小麦粉にしていきます。

全粒粉
小麦の皮をとりのぞかず、すべてを粉にしたもの。

小麦
細かくくだきやすいように、小麦に水を少しすわせて、やわらかくする。

→ ひく → ふるう →

小麦の皮の使い道
小麦の皮は、「ふすま」として売られている。おもに家畜のえさとして使われる。

ふすま

小麦粉になった！

65

麦へん

> 麦がこんなに すがたをかえるよ！

麦には 小麦、大麦 などがあるよ

おこのみやき
小麦粉を水でとき、キャベツやぶた肉などとまぜてやく。

ソースをかけて食べるよ

粉にするよ

麦 → ひく → こねる → のばす

- やく → おこのみやき
- まぜる → やく → **ホットケーキ**
- まぜる → あげる → **ドーナツ**
- こねる → むす → **むしパン**
- こねる → とりだす（こうぼ菌）→ 発酵させる → やく
- のばす → つつむ → やく → **ぎょうざ**
- のばす → 切る → ゆでる → **うどん**

ホットケーキ
小麦粉に、さとうや牛乳、たまごなどの材料をまぜてやく。

ドーナツ
小麦粉にさとうやたまごなどをまぜて、あげる。

むしパン
小麦粉にさとうなどをまぜて、むす。

ぎょうざ
小麦粉に塩と水をくわえ、こねたものを平らにのばし、具をつつんでやく。

いろいろなめん

うどん
小麦粉に塩水をまぜて、こねたものを細長く切る。▶P.68

ラーメン ▶P.71

パスタ ▶P.71

そうめん ▶P.70

しんマップ

小麦は、粉にしてから、さまざまな食べものに加工されています。おなじみのめんやパンなど、みんなが大すきな食べものばかり。どうやってへんしんするのか、見ていきましょう。

押麦
火が通りやすいように、おして平らにのばした大麦。

麦ごはん
米と麦をいっしょにたく。

麦茶
大麦を高温でいったものを煮だす。 ▶P.78

麦こがし
いった大麦を粉にしたもの。 ▶P.79

こうぼ菌

やきふ
小麦粉を水でこねて、ねばりのもとをとりだし、やく。 ▶P.76

生ふ
小麦粉を水でこねて、ねばりのもとをとりだし、むす。 ▶P.77

ビール
発芽した大麦をくだいて煮た液と、「ホップ」という植物を、こうぼ菌で発酵させた飲みもの。

おとなの飲みものだよ！

パン
こねた小麦粉を発酵させてふくらませ、生地をやく。 ▶P.72

ピザ ▶P.75

パン粉
パンをかわかして細かくしたもの。 ▶P.73

のばす

うどん

【のばす】
ものをまっすぐにしたり、長くしたり、広げたりする。

小麦粉に塩水をくわえてよくこねて、平たく生地をのばしたものを細長く切っていきます。よくこねることで、こしのあるめんができます。

小麦粉が うどんにへんしん！

小麦粉がどのようにして、うどんにすがたをかえるのでしょう。

1 まぜる
小麦粉に塩水を入れてまぜる

めんにこしを出すために、小麦粉に塩水をまぜます。

こい塩水を使う。

2 まとめる
生地をまとめる

ひとかたまりにまとめます。

丸くまとめた生地。

3 こねる

生地をこねる

生地を足で、よくこねます。平たくのびたら、おりたたんで、ふたたびこねます。こうすることで、もちもちのうどんになります。最後におりたたみ、かわかないようにしてから、半日ほどおいておきます。

ビニールとござの間に、まとめた生地を入れる。

足でふんで生地をのばす。

のばした生地をたたむ。

4 のばす

生地をのばす

生地がくっつかないように打ち粉（かたくり粉など）をふりかけ、めんぼうを使ってのばします。

同じあつさになるように、生地をのばしていく。

5 切る

のばした生地を切る

のばした生地を、ほうちょうで細く切りわけます。

できあがり！
うどんのかんせい！

打ち粉をはらってほぐしたら、うどんのできあがりです。熱湯でゆでて、食べます。

2まいにおりたたんで切っていく。

うどん

てんぷらうどん

めん いろいろ 味くらべ

日本では、古くから小麦粉でつくるめんが食べられてきました。さらに、外国から入ってきためんもあります。和風、中華、洋風、いろいろなところで、めんは大かつやくしています。

こうやって食べるよ

そうめん
ゆでためんを、つめたいつゆにつける。

こうやって食べるよ

ざるうどん
ゆでためんをつめたい水であらうと、ひきしまってつるつるに。

💬 もちもちでこしがある

うどん
足でふんだり、めんぼうを使って生地をこねることで、強いこしが出る。

💬 のどごしなめらか

そうめん
生地を細長くのばしてから、かんそうさせためん。

💬 煮こむとやわらかくなる

ほうとう
塩をくわえずに生地をつくり、はば広く切ったもの。塩が入ってないので、煮るととてもやわらかくなる。

💬 平たくて、かため

こうやって食べるよ

ほうとう
なべにめんを入れて、野菜といっしょに煮こむ。みそやしょうゆで味をつける。

きしめん
生地をうすくのばしてから、はば広く切る。うどんよりもこいめの塩水をつかうことで、かための食感になる。

こうやって食べるよ

きしめん
ゆでためんに、あたたかいだしをかけて食べる。

かん水の
かおりがする

中華めん
中国からつたわっためん。小麦粉に水と「かん水」という食品てんか物をくわえて生地をつくり、細長く切る。めんをちぢれさせると、スープがからみやすくなる。

パスタ
イタリアからつたわっためん。いろいろなかたを使って生地の形をつくり、かんそうさせたもの。食べるときは、塩水でゆでる。

どんな
ソースにもあう

スパゲティ

ペンネ

ソースが
よくからむ

フジッリ

こうやって食べるよ

ラーメン
ゆでた中華めんに、スープをかける。

やきそば
野菜と肉を、むした中華めんといためて、ソースなどで味をつける。

こうやって食べるよ

グラタン
ゆでたペンネにトマトソースとチーズをかけて、オーブンでやく。

こうやって食べるよ

ミートソース スパゲティ
ひき肉などで煮こんだソースをからめる。

こうやって食べるよ

サラダ
野菜とまぜてサラダにする。

やく 【パン】

【やく】 火にあぶって熱を通し、食べられるようにする。

小麦粉に水や塩、こうぼ菌をくわえて発酵させた生地をオーブンでやくと、外はこんがり、中はふっくらしたパンになります。

小麦粉が パンにへんしん！

小麦粉がどのようにして、パンにすがたをかえるのでしょう。

1 こねる

材料をこねる

小麦粉に水とこうぼ菌、塩などをくわえよくこね、バターをくわえます。

お店ではミキサーを使ってこねる。

2 発酵させる①

生地を発酵させる

こうぼ菌が出すガスによって、生地がふくらみます。

温度によって発酵の進み具合がかわるため、温度のかくにんは大事。

3 形をつくる
切りわけて形をつくる
大きな生地を切りわけてしばらくおいたあと、のばしたりねじったりして、パンの形をつくります。

丸めてロールパンの形にしていく。

4 発酵させる②
生地を発酵させる
形をつくった生地を、さらに発酵させます。2回に分けて発酵させることで、よりふっくらしたパンになります。

こうぼ菌が生地の中のあまい糖を材料に、ガスを出す。すると、生地の中にガスがためこまれて、ふっくらする。

丸めたばかりのパン。

2時間後 →

ふくらんだパン。たまごをぬってやいていく。

5 やく
生地をやく
2回目の発酵が終わった生地をオーブンに入れてやきます。

やくとさらにふくらむ。

できあがり！
パンのかんせい
やきあがったパンを、しばらくさますとかんせいです。

バターロール
食パン

さらにへんしん！ →

くだく
食パン ▶ パン粉

かわかして、細かくくだいた食パンは、フライの衣などに利用する。

パン いろいろ味くらべ

世界の国や地域で、住んでいる人の好みにあわせた、さまざまなしゅるいのパンがつくられています。なかには日本で生まれ、わたしたちが、日ごろよく食べているおなじみのパンもあります。

日本

和がしの材料を入れた

人気の洋食が中に入った

カレーパン
1927（昭和2）年、東京の「名花堂」というパン屋で、とんカツをヒントにして衣をつけてあげたのがさいしょといわれている。

あんパン
1875（明治8）年に東京の「木村屋」というパン屋でつくられた。こしあんやつぶあん、白あんなど、さまざまなあんを入れたものがつくられている。

クッキー生地がさくさく

メロンパン
パンの上にクッキーの生地がのっている。もようがメロンににているために「メロンパン」という名がついたといわれている。

インド

もちもちの食感

ナン
カレーにつけて食べる。インドでは、つぼの形をした、あついかまの内がわに、生地をはりつけてやく。

ピザ　イタリア

> いろんな具をのせられる

オリーブオイルをまぜた生地をうすくのばし、チーズやトマトソースなどをのせてやいたパン。

バゲット　フランス

> 外はカリカリ、中はふんわり

フランスには、外がわがかたいフランスパンや、バターをたっぷり入れたクロワッサンなどがある。フランスパンの中では、細長いバゲットが有名。

プレッツェル　ドイツ

> ほんのり塩味のパン

プレッツェルとは「うで」のこと。その名の通り、細長い生地を、組んだうでのような形にむすんである。

イギリスパン　イギリス

こんもりともりあがった形をしている。バターやさとうをあまりくわえないので、あっさりした味わい。

> ふんわりした食感

ベーグル　アメリカ

> もちもちの食感

やくまえに生地をゆでることで発酵を止めて、ふくらみすぎず、もちもちした食感が生まれる。

75

とりだす 〔やきふ〕

【とりだす】あるものの中から、外へ出す。

小麦粉を水とまぜてこねると、その中にあるタンパク質がからみあい、ねばりのある「グルテン」というものにかわります。それをとりだし、やいたものが、やきふです。

小麦粉が やきふにへんしん！

小麦粉がどのようにして、やきふにすがたをかえるのでしょう。

とりだす

グルテンをとりだす

水をくわえてこねた小麦粉からグルテンだけをとりだし、やきふの生地をつくります。

 →  →

こねた小麦粉を水であらうと、でんぷんだけが水にとけて流れだす。のこされたものがグルテンで、ゴムのようにのびる。

生地を切りわける。

2 まきつける

生地をぼうに まきつける

長いぼうにうまく広げながら、生地をまきつけていきます。

2メートルぐらいのぼうにまきつける。

3 やく

オーブンに生地を 入れてやく

オーブンで生地をやきます。やいた上に、また生地を重ねてまきつけてやきます。

オーブンの中のようす。ぼうを回しながらやいていく。

生地をひっぱりながらまきつける。

こうやって食べるよ

煮物
やきふは、水でもどしてやわらかくして、水気をきってから野菜といっしょに煮る。

やきふ

できあがり

やきふの かんせい

かんそうさせたら、できあがりです。かんそうしているので、長もちします。

生ふ
生地をやかずに、むしたものは、「生ふ」という。さしみにしたり、あんこをつつんで和がしにしたりする。

いる　麦茶

【いる】
材料を火にかけて、動かしながら水気がなくなるまで熱をくわえる。

大麦をいると、はじけて、つぶが丸くなります。そのこうばしいかおりがただよう大麦を、お湯でじっくり煮だすと、おいしい麦茶になるのです。

大麦が麦茶にへんしん！

大麦がどのようにして、麦茶にすがたをかえるのでしょう。

いる① 高い温度で大麦をいる

250度のかまで大麦をいり、丸くふくらまします。

かまの中から、つぎつぎといった大麦が出てくる。

いるまえの大麦。

ひとつめのかま
いった大麦

2 いる② ひくい温度で大麦をいる

…… ふたつめのかま

180度のかまで大麦をいり、色やこうばしいかおりをつけます。

ふたつめのかまから、いった大麦が出てくる。

大麦からは、こうばしいかおりとけむりが立ちのぼっている。

3 つめる 麦茶をつめる

いったばかりの麦茶をパックにつめます。

麦茶を小分けのふくろにつめていく。

できあがり！ 麦茶のかんせい

水に麦茶を入れて、ふっとうさせたまま煮だします。さましてから冷蔵庫でひやして飲みます。麦茶は、体の熱をさますので、真夏の飲みものにぴったりです。

麦茶

さらにへんしん！

ひく 大麦 ▶ 麦こがし

いった大麦を粉にしたもので、「はったい粉（こうせん）」ともいう。大麦の自然なあま味がある。

お湯とさとうを入れてねって食べる。

とうもろこし

まずはきほんを知ろう！

とうもろこしは、米と同じ、イネのなかまの植物です。黄色いつぶは、たねの部分。やいたり、ゆでたりすると、あまくなってとてもおいしく食べられます。

これがとうもろこし

ふさふさした毛が、とうもろこしのたねにつながっている。

ひとふさに600つぶぐらいのたねがつく。

人よりせが高い

春にたねをまいたとうもろこしは、夏には2メートルぐらいにせいちょうします。しゅうかくしたとうもろこしは、どんどんあま味が失われていくので、とうもろこしをとったら、できるだけ早く食べたほうがよいです。

とうもろこしをよ〜く見てみよう

しんのまわりを、たねがぐるっと一周とりかこんでいる。たねは、「種皮」という皮で守られていて、「はい乳」と、「はい芽」に分かれる。

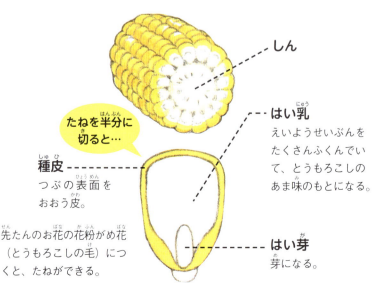

しん

たねを半分に切ると…

種皮……つぶの表面をおおう皮。

はい乳……えいようせいぶんをたくさんふくんでいて、とうもろこしのあま味のもとになる。

はい芽……芽になる。

先たんのお花の花粉がめ花（とうもろこしの毛）につくと、たねができる。

てどんな食べもの？

いろいろなとうもろこし

わたしたちがふだん、やいたり、ゆでたりして食べるのは、「スイートコーン」とよばれるとうもろこしです。それ以外に、家畜のえさにしたり、加工して粉にしたりするしゅるいがあります。

スイートコーン
あまいしゅるいが多く、くだもののように生でも食べられるものもある。スイートコーンはさらに3つのしゅるいに分けられる。

あま味とこうばしさがおいしい、やきとうもろこし。

ゴールデンコーン
すべてのつぶが黄色い。

シルバーコーン
小つぶでつやがあり、あま味も強い。

バイカラーコーン
黄色と白のつぶが3対1ぐらいの割合で入っている。

ポップコーン
種皮がぶあつくてかたいのがとくちょう。熱をくわえると、おかしのポップコーンになる。

ポップコーン

デントコーン
牛やにわとりなどのえさにしたり、コーンスターチにしたりする。

コーンスターチ

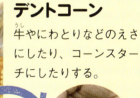

えさ

ワキシーコーン
もちもちした食感がとくちょう。いろいろな色がある。

食べものまめちしき

スイートコーンを早くしゅうかくすると…

スイートコーンが大きくなる前にしゅうかくしたものは「ヤングコーン」「ベビーコーン」といわれています。人さし指ぐらいの大きさで、しんまで食べられます。

ヤングコーン

とうもろ

とうもろこしがこんなにすがたをかえるよ！

スイートコーン、ポップコーン、デントコーンなど、いろいろなしゅるいがあるよ

とうもろこし

コーンかん
とうもろこしのつぶをとって、かんにつめる。

→ かんにつめる

コーンクリームかん
とうもろこしのつぶにでんぷんや塩などをくわえて、まぜてなめらかにしたもの。

→ つぶす → まぜる → かんにつめる

→ ほす → いる

→ むす → いる

…こうぼ菌

おとなの飲みものだよ！

→ 発酵させる

→ しぼる

ポップコーン
ポップコーン用のとうもろこしのつぶに熱をくわえて、いる。
▶P.84

ポンポンはじけてできる

コーン茶
ほしたとうもろこしのつぶに熱をくわえて、いる。

バーボン・ウイスキー
とうもろこしからつくった酒。

コーン油
とうもろこしのつぶのはい芽をしぼる。

マシュマロ
マシュマロどうしがくっつかないようにする。▶P.87

→ まぶす

とうもろこしへんしんマップ

とうもろこしは、そのままやいてもゆでてもおいしいですよね。でも、そのまま食べられないしゅるいのとうもろこしは、ポップコーンやお茶になったり、粉になったりして、おいしく食べられています。

ひく → **コーンフラワー**
とうもろこしのつぶのはい乳を細かい粉にしたもの。▶P.87

こねる → **のばす** → **やく** → **トルティーヤ**（タコス）
コーンフラワーを水でこねて、うすくのばしてやく。肉や野菜をつつんで「タコス」として食べる。▶P.87

コーングリッツ
とうもろこしのつぶのはい乳をあらめの粉にしたもの。▶P.87

まぶす → **イングリッシュマフィン**
表面のざらっとした粉は、コーングリッツをまぶしたもの。▶P.87

ねる → **熱をくわえる** → **形をつくる** → **かわかす** → **味をつける** → **スナックがし**
コーングリッツをねって形をつくってかわかし、いろいろな味をつける。

つぶす → **コーンフレーク**
コーングリッツを水でねって熱をくわえ、つぶしてかわかしたもの。

とりだす → **コーンスターチ**
とうもろこしのつぶから、でんぷんだけをとりだして、かんそうさせた粉。▶P.86

まぜる → **カスタードクリーム**
コーンスターチに牛乳、たまご、さとうを入れてまぜてつくる。▶P.87

まぜる → **かためる** → **ラムネ**
さとうといっしょにまぜて、かためてつくる。▶P.87

いる ポップコーン

[いる] 材料を火にかけて、水気が少なくなるまで熱をくわえる。

ポップコーン用のかんそうさせたとうもろこしのつぶに熱をくわえると、つぶの中の水じょう気がふくらみ、ポンポンはじけて軽くておいしいポップコーンになります。

とうもろこしが ポップコーンにへんしん!

とうもろこしのつぶがどのようにして、ポップコーンにすがたをかえるのでしょう。

ほす

とうもろこしをほす

「ポップコーン」という、種皮がぶあつくてかたいしゅるいのとうもろこしを使います。十分にかわかしてから、つぶをとります。

つるしてかんそうさせる。

しんからとった、とうもろこしのつぶ。

2 いる①
油をひいて熱をくわえる

フライパンに油をひいてあたためます。つぶが重ならないようにとうもろこしを入れ、ふたをします。

かならずふたをして熱をくわえる。

3 いる②
こげないようにゆする

ポンポンとはじける音が聞こえたら、すべてのつぶに熱がいくようフライパンをゆすります。音が聞こえなくなるまでゆすりつづけます。

こげないように、よくフライパンをゆする。

食べものまめちしき
ポップコーンがはじけるりゆう

ポップコーンのつぶは、ぶあつくてかたい種皮でおおわれています。つぶに熱をくわえると、種皮の内がわの水分がじょうはつして水じょう気になり、種皮を一気におしやぶってはじけます。スイートコーンのつぶの種皮はうすくてやわらかいので、水分がにげてはじけません。

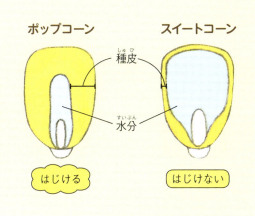

できあがり！
ポップコーンのかんせい

すべてのつぶがはじけたら味をつけます。水分をじょうはつさせるために、いちど新聞紙などにうつします。

ポップコーン

こうやって食べるよ

キャラメルポップコーン

さとう、バター、水を使ってキャラメルをつくり、からめる。

とりだす

【とりだす】 あるものの中からぬきだす。

コーンスターチ

とうもろこしのつぶの中には、あま味のもとになるでんぷんがたくさんふくまれています。これをとりだして、粉にしたものが「コーンスターチ」です。

とうもろこしが コーンスターチにへんしん！

とうもろこしのつぶがどのようにして、コーンスターチにすがたをかえるのでしょう。

1 とりのぞく

はい芽をとりのぞく

とうもろこしのつぶの中のはい芽をとりのぞきます。

とうもろこしのつぶ

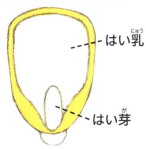

はい乳にはでんぷんがふくまれている。はい芽は、とりのぞかれたあと、コーン油の材料になる。

2 すりつぶす

細かくすりつぶす

はい芽をとりのぞいたものを細かくすりつぶします。こうすることで、種皮などのでんぷん以外のものをとりのぞきやすくします。

3 とりだす

でんぷんをとりだす

でんぷん以外のものをのぞき、でんぷんをとりだします。でんぷんをかわかすと、コーンスターチのかんせいです。

とうもろこしのでんぷんをとりだす機械。

できあがり
コーンスターチの かんせい

味はないので、とろみをつけたり、あげものの衣にしたり、いろいろな料理に使うことができます。

コーンスターチ

さらにへんしん！

まぜる
コーンスターチ ▶ カスタードクリーム

あたためた牛乳に、たまごとさとう、コーンスターチを入れてまぜあわせる。

まぜる　かためる
コーンスターチ ▶ ラムネ

さとうにコーンスターチをまぜて、かんそうさせてかためる。

まぶす
コーンスターチ ▶ マシュマロ

マシュマロどうしがくっつかないようにまぶして使う。

食べものまめちしき　とうもろこしの粉いろいろ

コーンスターチは、とうもろこしのはい乳の中からとりだしたでんぷんを粉にしたものですが、はい乳をそのまま粉にしたものもあります。

コーンフラワー
コーングリッツより細かい粉。

コーングリッツ
少しあらめにひいた粉。

まぶす

イングリッシュマフィン
丸いパンで、ハムなどをはさんで食べる。表面に、コーングリッツをまぶしている。

こねる　のばす　やく

トルティーヤ
水を入れてこねて、うすくのばしてやいたメキシコ料理。野菜や肉をまいて「タコス」として食べる。

まずはきほんを知ろう！

いもってど

いもは、さまざまな料理に使われます。じゃがいも、さつまいもなど、しゅるいがたくさんあり、いろいろな食べものにすがたをかえます。

- くきが太ったもの。
- じゃがいも
- さつまいも
- 根が太ったもの。
- これがいも

えいようたっぷりのくきや根

いもは、植物のくきや根が、でんぷんなどのえいようせいぶんをためこんで太った部分のことです。

いもはおもに、でんぷんからできていますが、おなかの調子をよくする食物せんいなどもふくまれています。

いもをよ〜く見てみよう

じゃがいもは、くきが太ったものなので、いもから根は出ない。さつまいもは、根が太ったものなので、細かい根が生えている。

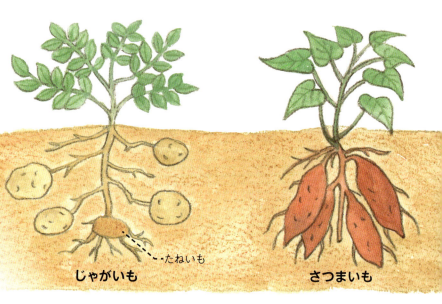

じゃがいも ・・・たねいも　さつまいも

じゃがいものでんぷんをえいようにして、芽を出す。これを「たねいも」として植える。

88

んな食べもの？

いろいろないも

いもは、土のえいようが少ない土地でも育ちます。そのため、世界では、日本の米のように主食としている国も多くあります。なかには、こんにゃくいものように、いろいろくふうをしないと食べられない、いももあります。

じゃがいも
世界中でいちばん多くつくられているいも。すずしい場所で育ちやすいので、日本では北海道でおもに育てられている。

さつまいも
あたたかい場所で育ちやすく、日本では鹿児島県でおもにつくられている。熱をくわえるとあまくなるのがとくちょう。

さといも
さつまいものなかまで、あたたかい場所で育ちやすい。表面のぬめりには、消化を助けたり、かぜをひきにくくするはたらきがある。

山いも
生でも食べられるいも。自然薯、大和いも、長いもなどがある。すりおろしてとろろにしたりして食べる。

こんにゃくいも
いもの中の「マンナン」というせいぶんをかためたものがこんにゃく。いもはそのままではどくがあるので、熱を通して食べないといけない。

コンニャクはサトイモ科の植物。根にこんにゃくいもができる。

キャッサバ
味や食感はさつまいもににている。熱帯地方の国でたくさんつくられていて、主食にもなっている。

とりだしたでんぷんは、タピオカの原料としても使われている。

いもへ

> いもがこんなに すがたをかえるよ！

じゃがいも

切る → **あげる**

ポテトチップス
じゃがいもをうすく切って、油であげる。▶P.92

あげる

フライドポテト
じゃがいもを細長く切って、油であげる。

とりだす

かたくり粉
じゃがいもからとりだしたでんぷん。水をまぜてあたためると、とろみが出る。▶P.94

ねる → **丸める** → **やく**

ボーロ
でんぷんをさとうやたまごでねって、丸くかためたものをやく。

さつまいも

むす

ふかしいも
じゃがいもやさつまいもをせいろなどでむす。

時間をかけて やくことで あまくなる

やく

やきいも
さつまいもにじっくり熱をくわえると、あまいやきいもになる。

へんしんマップ

そのままふかしたり、やいたりするだけで、おいしく食べられるいも。でも、それぞれのとくちょうをいかして、意外な食べものにも、すがたをかえています。

いろいろな形がある

こんにゃくいも
すりつぶす → ねる → かためる → **こんにゃく**

こんにゃくいもをすりつぶして、かためる。▶P.98

かんしょでんぷん
さつまいもからとりだしたでんぷん。

とりだす → まぜる → 熱をくわえる → ひやす → **わらびもち**

さとうや水とまぜ、熱をくわえてから、ひやしてかためる。

むす → つぶす → やく → **スイートポテト**

むしたさつまいもをつぶし、さとうやバターなどをまぜて、オーブンでやく。

たくわえる → むす → ほす → **ほしいも**

むしたほしいもを天日でほすと、水分がぬけて、あまくなる。▶P.96

切る → あげる → **いもけんぴ**

細く切ったさつまいもを油でからっとあげて、さとうをからめる。

大学いも

油であげたさつまいもにさとうやしょうゆのみつなどをからめる。

紅はるか　平ほしいも　熟成しっとり

あげる ポテトチップス

【あげる】熱した油の中に入れて調理する。

じゃがいもをうすく切り、油であげてつくります。うすく切ることで高温の油が中までしみこみ、外がわだけでなく、内がわも水分がなくなってパリッとした食感になります。

じゃがいもが ポテトチップスにへんしん！

じゃがいもがどのようにして、ポテトチップスにすがたをかえるのでしょう。

1 あらう
水で土などをあらう
土がついたじゃがいもを、水できれいにあらいます。

きれいにあらったじゃがいも。

2 むく
じゃがいもの皮をむく
皮のすぐ下には多くのえいようせいぶんがあるため、なるべくうすくむきます。

いたんだ部分もとりのぞく。

3 切る

じゃがいもをうすく切る

工場では、「スライサー」という機械にじゃがいもを入れて、たくさんのじゃがいもを、いっきにうすく切ります。

スライサー

じゃがいもが、回りながら外がわの刃におしつけられて、うすく切られていく。刃をかえることで、あつさや切り口の形をかえることができる。

うすく切ったじゃがいも。

4 あげる

うすく切ったじゃがいもをあげる

数分間あげます。パリッとした食感が出るように、温度も調節します。こげたものなどは、とりのぞきます。

油であげたポテトチップス。

5 味をつける

いろいろな味をつける

あげたじゃがいもに、塩味などの、さまざまな味をつけます。

つつがたの機械の中で、回しながら味のパウダーをふりかけ、味を行きわたらせる。

できあがり

ポテトチップスのかんせい

味つけが終わったポテトチップスをふくろづめします。塩味だけでなく、コンソメ味やのり塩味など、さまざまな味があります。

ポテトチップス

とりだす

かたくり粉

【とりだす】あるものの中からぬきだす。

じゃがいもやさつまいもなどのいもには、でんぷんがたくさんふくまれています。じゃがいもからつくられるでんぷんは「かたくり粉」とよばれ、水でといて熱をくわえると、とろみがつくので、いろいろな料理に使われます。

じゃがいもが かたくり粉に へんしん！

じゃがいもがどのようにして、かたくり粉にすがたをかえるのでしょう。

1 はかる
でんぷんのりょうをはかる

じゃがいもの中のでんぷんのりょうは、気候によって左右されます。そのため、じゃがいもの中にでんぷんがどのぐらいふくまれているのかを、あらかじめ計算します。

でんぷんのりょうが少ない→うく
水　多い→しずむ

水にじゃがいもを入れて、うくか、しずむかで、でんぷんのりょうをはかる。

2 あらう
じゃがいもをあらう

どろなどがついたじゃがいもをきれいにあらいます。

あらったじゃがいも。いろいろなしゅるいのじゃがいもを使う。

3 すりおろす
どろどろにすりおろす

じゃがいもを機械ですりおろしてどろどろにします。

4 とりだす
でんぷんをとりだす

すりおろしたじゃがいもから、でんぷんや食物せんいなどをふくんだかたまりをとりだします。さらに、そこから食物せんいをとりのぞいて、最後にでんぷんだけをとりだします。

機械の中で、でんぷんだけをとりだす。

5 かわかす
熱い風でかわかす

とりだしたでんぷんに、熱い風をあててかわかし、粉のでんぷんにします。

できあがり！ かたくり粉

食べものまめちしき　本物のかたくり粉

かたくり粉はもともと「カタクリ」という植物の根からつくっていました。カタクリはとても貴重な植物なので、今は、その代わりにじゃがいもが使われています。

カタクリは、山林など、かぎられた場所にしか生えない。

でんぷんのかんせい

できあがったでんぷんはふくろにつめて、「かたくり粉」という名前で売られます。

こうやって食べるよ

中華どん
熱いしるに、水でといたかたくり粉をまぜると、とろみがついたあんができる。

さらにへんしん！

ねる　丸める　やく

ボーロ
でんぷんをさとうやたまごでねって、丸くかためたものをやく。

ほす

ほしいも

【ほす】
日光や風、熱などにあてて、水分をとりのぞく。

さつまいもをむし、うすく切ったあとにほしてつくります。水分がぬけたほしいもは、ふつうのさつまいもにくらべて、保存がきき、あま味が強いです。

さつまいもが ほしいもにへんしん！

さつまいもがどのようにして、ほしいもにすがたをかえるのでしょう。

1 たくわえる

さつまいもをたくわえる

しゅうかくしたさつまいもを倉庫に保管しておきます。こうすることで、さつまいものあま味がふえます。

秋から冬にかけて、しゅうかくしたさつまいもをたくわえる。

2 あらう

大きさべつに分けてあらう

さつまいもを大きさごとに分けて、いたんでいるものはとりのぞき、水であらいます。

水であらって、土やよごれを落とす。

3 むす
じっくりと中までむす

さつまいもに、長い時間、熱をくわえると、でんぷんがあまい糖にかわります。たくわえることであまくなったさつまいもを、じっくりとむすことで、さらにあまくするのです。

火をたいて、さつまいもをむす。

4 切る
皮をむいて、うすく切る

さめると皮をむきにくくなるので、熱いうちに作業します。皮をむいたさつまいもは、さめてから数ミリメートルのあつさに切ります。

ひとつひとつ、手でむく。

ピアノ線をはってつくった、「つき台」という道具におしつけて切る。

5 ほす
切ったさつまいもをほす

1週間から1か月ほします。ほすことで、水分がぬけて、さらにあま味がふえます。切らずに丸いままほすこともあります。

あみの上に1まいずつならべる。

ほしいものかんせい

そのままでも食べられますが、やくと、やわらかく、こうばしくなります。

ほしいも

こんにゃく かためる

【かためる】 やわらかいものや、液体のものをかたくしたり、ひとまとめにしたりする。

こんにゃくいもには、どくがあり、そのままでは食べられません。すりつぶしたいもに熱をくわえるなど、くふうがひつようです。すりつぶしたこんにゃくいもに、「水酸化カルシウム」を入れることで、いもの中の「マンナン」が水酸化カルシウムといっしょになり、ぷるぷるのゼリーのようにかたまります。

こんにゃくいもが こんにゃくにへんしん！

こんにゃくいもがどのようにして、こんにゃくにすがたをかえるのでしょう。

1 すりつぶす
生いもをすりつぶす

生のこんにゃくいもを「生いも」といいます。機械に入れて、細かくすりつぶします。

表面を水あらいした生いもをすりつぶす。

2 あらう
生いもをあらう

すった生いもを、機械に入れてきれいにします。

あらった生いもは、水で流して、つぎの機械へ運ばれる。

3 ねる

生いもをねる

あらった生いもをねります。

よくねると、だん力のあるこんにゃくになる。

4 かためる

生いもをかためる

ねった生いもに水酸化カルシウムを入れます。それに熱をくわえたあと、丸1日おいておきます。こうすることで、いもがかたまるとともに、熱によってどくがなくなり、食べられるようになります。

かためるもとになる水酸化カルシウム。

水酸化カルシウムを入れた生いもを、かたに入れて形を整える。

5 切る

こんにゃくを切る

かたまったこんにゃくを四角く切ります。

生いもをかたに入れたまま、むす。

できあがり！ こんにゃくのかんせい

細長く切ったら糸こんにゃく、丸くかためたものは、玉こんにゃくになります。

こんにゃく

食べものまめちしき　灰色と白のこんにゃくのちがい

こんにゃくの灰色は、生いもからつくったときの皮の色。生いもの皮をとりのぞいた粉を使ってつくったこんにゃくは、白い色になります。最近は、海藻を入れて色をつけているものが多いです。

まずはきほんを知ろう！

牛乳ってど

これが牛乳

牛乳は牛の乳からつくられます。しぼったそのままの乳がお店にならぶのではありません。おいしく、安全に飲むためのくふうがされています。そして、その牛乳がさらに、いろいろな食べものにすがたをかえます。

牛乳の中のえいようせいぶんが光をはねかえして、白く見える。

えいようたっぷりの牛乳

牛乳には、子牛を育てるための、カルシウムやタンパク質、乳しぼうなどのえいようせいぶんがたっぷりつまっています。

乳をしぼるための牛を「乳牛」といいます。牧草やとうもろこしなどをえさとして食べ、牧場で育てられています。

乳牛をよ～く見てみよう

乳牛の多くは、白と黒のもようの「ホルスタイン」というしゅるいだが、「ジャージー」という茶色い乳牛もかわれている。

ホルスタイン
日本でかわれている乳牛のほとんどがこのしゅるい。乳がたくさんとれる。

ジャージー
ホルスタインの乳より、タンパク質や乳しぼうが多く、味にこくがある。

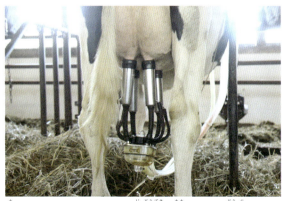

乳ぶさにつけているのは、自動的に乳をしぼる道具。これで、一度にたくさんの乳をしぼることができる。

んな飲みもの?

牛乳とそのなかまたち

乳をしぼったばかりのものを「生乳」といいます。生乳をくさらせる雑菌をころしたものが、牛乳です。このほかに、「加工乳」や「乳飲料」というものもあります。

牛乳
生乳以外を何もくわえていないもの。

加工乳
生乳に「乳製品」をくわえたもの。乳製品とは、バターやクリームなど、牛乳からつくったもののこと。

乳飲料
生乳にコーヒーやくだもののしるなど、乳製品以外のものをくわえたもの。

牛乳ができるまで

牧場から工場に運ばれた生乳は、えいようせいぶんを調整したり、けんさをしたり、さまざまなくふうがされてから、牛乳として売られます。

牛乳ができた！

① けんさをする・ごみをとりのぞく
生乳に雑菌やごみが入っていないか、調べる。そのあと、機械を使って小さなごみなどをとりのぞく。

② 乳しぼうのつぶを細かくする
「ホモゲナイザー」という機械で、生乳の中の乳しぼうのつぶを小さくそろえる。

③ 雑菌をころしてパックにつめる
熱をくわえ、牛乳をくさらせる雑菌をころして、紙パックにつめていく。

④ けんさをする
ごみが入っていないか、雑菌が入っていないか、けんさをする。

牛乳

> 牛乳がこんなに すがたをかえるよ！

クリーム
牛乳を高速で回すと、乳しぼう分をふくむクリームと、だっし乳に分かれる。

回す

まぜる

ホイップクリーム
クリームをあわだてる。

ねる

バター
クリームをかきまぜて水分をとりのぞき、乳しぼうのつぶをねる。
▶P.104

まぜる

バタークリーム
バターにさとうやたまごを入れて、ねってつくる。
▶P.105

かわかす

だっし粉乳
だっし乳をかわかした粉。カルシウムやタンパク質がたくさんふくまれている。「スキムミルク」ともいう。

まぜる

やく

パン
パン生地に、だっし粉乳をまぜてやくと、牛乳のあまいかおりをもつパンになる。

まぜる

（乳酸菌）

発酵させる

乳酸菌飲料
乳酸菌を入れて発酵させ、さとうなどをくわえたあまずっぱい飲みもの。

あたためる

かためる

牛乳寒天
牛乳に寒天をまぜて、あたためたものをひやしてかためる。

ねる バター

【ねる】
こねまぜて、ねばりが出るようにする。

牛乳を高速で回すと、そこからクリーム（乳しぼう）をとりだすことができます。そのクリームの中の乳しぼうのつぶを集めてねると、なめらかなバターにすがたをかえます。

牛乳が バターに へんしん！

牛乳がどのようにして、バターにすがたをかえるのでしょう。

1 回す
牛乳を高速で回す
牛乳をとても速く回し、クリームと、だっし乳に分けます。

「遠心分離機」という機械で分ける。

2 まぜる
クリームをまぜる
クリームをひくい温度にしばらくおいたあと、かきまぜます。すると、乳しぼうが集まり、小さなつぶになります。これがバターのもとです。

タンクの中でまぜる。

食べものまめちしき

クリームができるわけ

クリームの正体は、牛乳にふくまれる乳しぼうです。牛乳を高速で回すと、牛乳の中にちらばっていた乳しぼうがくっつきあいます。それらがうかびあがることで、クリームができます。

3 ねる

バターのもとをねりあわせる

乳しぼうのつぶをねりあわせます。よくねると、なめらかで、したざわりのいいバターになります。

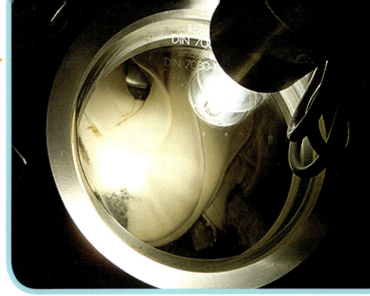

機械の中でねりあわせる。食塩の入ったバターをつくるときは、このときに塩をくわえる。

4 つつむ

バターを紙でつつむ

できたバターは銀紙でつつんで、はこに入れ、けんさをします。

バターは銀紙でつつむと、長もちする。

できあがり

バターのかんせい

けんさに合格したものだけがお店で売られます。

バター

さらにへんしん！

こうやって食べるよ

洋がし

生地とまぜることで、風味がましてしっとりとした洋がしができあがる。

まぜる

バター ▶ バタークリーム

バターとさとうとたまごをねりあわせれば、バタークリームができる。いろいろな形にすることができる。

チーズを発酵させる

【はっこう】 菌を利用して、食べものが、おいしくすがたをかえること。

牛乳を乳酸菌によって発酵させて、かためるとチーズになります。カマンベールは、この発酵にくわえて、カビをつけて発酵させることで、どくとくの味を生みだしています。

牛乳が カマンベールに へんしん！

牛乳がどのようにして、カマンベールにすがたをかえるのでしょう。

1 かためる
牛乳をかためる
牛乳に、乳酸菌と、タンパク質をかためるこうそを入れ、チーズのもとをつくります。

30分ほどでプリンのようにかたまる。

「カードカッター」という道具を使って切る。

2 切る
チーズのもとを切る
やわらかいチーズのもとを、小さく切ります。

カードカッター

3 まぜる
ゆっくりまぜる
小さく切ったかたまりを「カード」といいます。ゆっくりまぜると、カードから水分がしみでてくるので、その水分をとりのぞきます。

カード

カードをくずさないように、ゆっくりとかきまぜる。

しみでた水分をバケツですくいとっていく。

4 形をつくる
かたに入れて形をつくる
水分をとりのぞき、少しかたくなったカードを、かたに入れて形をつくります。半日おいておくと、水分がぬけきります。

かたの下には小さいあながあいていて、そこから水分がぬける。

5 発酵させる
カビをつけて発酵させる
水分がぬけたチーズに、塩をくわえ、カビをふきかけます。チーズの表面がカビにおおわれ、白くかたくなっていきます。3〜4週間おいておくと、カビの出すこうそによって、中がとろとろになり、うま味がふえていきます。

発酵のとちゅう、ワックス紙でつつむことで、まんべんなく発酵が進む。

できあがり！
カマンベールのかんせい
かんせいしたチーズでは乳酸菌とカビが生きつづけています。すきなやわらかさになったときに食べましょう。

カマンベール 白いカビ

チーズ いろいろ味くらべ

チーズは、ナチュラルチーズとプロセスチーズに分けることができます。ナチュラルチーズは、世界で1000しゅるい以上あるといわれています。そのうちのいくつかを見ていきましょう。

ナチュラルチーズ

牛乳に乳酸菌と、タンパク質をかためるこうそをくわえて発酵させてつくります。つくるときに熱をくわえないので、乳酸菌やこうそがはたらきつづけます。そのため、お店で買ったあとも、見た目や味、においなどがかわりつづけます。

フレッシュタイプ

よくのびる

発酵させてから、すぐに食べるチーズ。ほかのチーズとくらべると水分が多く、くせが少ない。

くちどけなめらか

モッツァレラ
つるつるとなめらかで、歯ごたえがある。熱をくわえると、とけてよくのびる。

クリームチーズ
やわらかくてなめらかな、クリームのようなチーズ。おかしづくりにも使われる。

こうやって食べるよ

ピザ
モッツァレラがとろとろにとろけて、よくのびる。

こうやって食べるよ

チーズケーキ
やかずにつくるレアチーズケーキ。なめらかなしたざわりがぴったり。

白いカビ

カビを表面でふやして発酵させるチーズ。

> 中がとろーり

カマンベール
まわりのカビごと食べる。

青いカビ

カビを中にまぜこんで発酵させるチーズ。

> ぴりっとしょっぱい

ゴルゴンゾーラ
イタリアで人気のチーズ。

> ぽろぽろした食感

チェダー
世界で一番生産されているチーズ。口に入れると、くだけるような食感で、とてももろい。

セミハードタイプ

チーズをつくるとちゅうで、力をくわえて水分をぬいた、少しかためのチーズ。

> まろやかで食べやすい

ゴーダ
オランダ生まれだが、日本人もとくに大好きな、なめらかなチーズ。

プロセスチーズ

まぜる

ナチュラルチーズ（おもにチェダーとゴーダ）をまぜて熱をくわえ、加工したものです。熱をくわえることで、発酵に使う乳酸菌やカビが死んでしまうので、味がかわらず、長もちします。

> まぜることでいろいろな味や形を楽しむ

まずはきほんを知ろう！

魚ってどんな

海にかこまれた日本では、むかしからさまざまな魚をとって食べてきました。そして、おいしく食べるために、さまざまなくふうをしてきました。

これが魚

さしみにしたり、やいたり、いろいろな食べ方がある。

えいようたっぷりの魚たち

魚は、生ものでくさりやすいので、お店では、内ぞうをとりさり、身だけを切りわけた切り身などが多く売られています。

魚の身には、タンパク質などのえいようせいぶんがたっぷりふくまれています。また、ほねごと食べれば、カルシウムもとれるので、わたしたちの体づくりにかかせない食べものなのです。

ぶりの切り身。

魚の身をよ～く見てみよう

魚の身（筋肉）は、白身と赤身に分けられる。白身はあっさりしているが、赤身は、白身にくらべてあぶらがのっていて、味がこいものが多い。

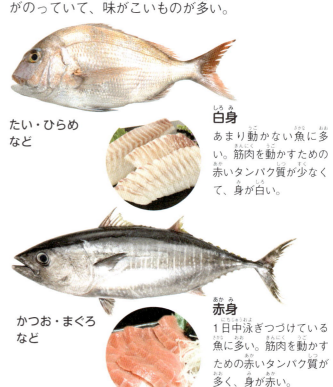

たい・ひらめ など

白身
あまり動かない魚に多い。筋肉を動かすための赤いタンパク質が少なくて、身が白い。

かつお・まぐろ など

赤身
1日中泳ぎつづけている魚に多い。筋肉を動かすための赤いタンパク質が多く、身が赤い。

食べもの？

いろいろな魚介類

魚、いかやえび、貝など、水の中でとれる動物をまとめて、「魚介類」といいます。ここにしょうかいしているものは、ふだんわたしたちがよく食べている魚介類のほんの一部です。

まぐろ
すしのたねで大人気。ツナのかんづめにもなる。大きなものでは3メートルぐらいになる。

かつお
あぶらがのっているものはさしみとして食べられるが、少ないものは、だしをとるための、かつおぶしに加工される。

あじ
さしみや、フライ、ほしたものをやいて食べたりもする。

いわし
やいたり、煮たりして食べられているが、くさりやすいので、ほしたり、だしをとるための、煮ぼしに加工される。

すけとうだら
身は、すり身にしてソーセージやかまぼこの材料になる。たまごも、たらことして食べられている。

さけ
やいたり、かんづめにしたりして食べる。たまごは、すじこや、イクラとして食べられている。

いか
さしみのほか、やいたり、ほしたり、塩からにしたりして食べられている。

えび
さしみのほか、やいたり、フライにしたりして食べられている。小さなしゅるいのえびは、せんべいの材料にもなる。

魚へん

魚がこんなにすがたをかえるよ！

ひもの
魚介類をほしたもの。

あじ → 開く → つける → ほす
- 塩ぼし ▶P.114
- 煮ぼし ▶P.117
- 素ぼし ▶P.116
- みりんぼし ▶P.117

いろいろなひもの

かつおぶし

かつお → 切る → 煮る → いぶす → 発酵させる → ほす

煮たかつおをいぶして、カビをつけて発酵させ、かんそうさせる。 ▶P.118

めんたいこ

すけとうだら → とりだす → つける

とりだしたたまごのふくろごと、調味料につけこみ、とうがらしのたれにつける。 ▶P.120

とうがらしが入っていないものは「たらこ」だよ

ちくわ

すけとうだら → する → やく

身をすりつぶし、ぼうにまきつけてやく。 ▶P.124

かまぼこ

する → むす

身をすりつぶし、塩などをまぜてむしあげる。 ▶P.122

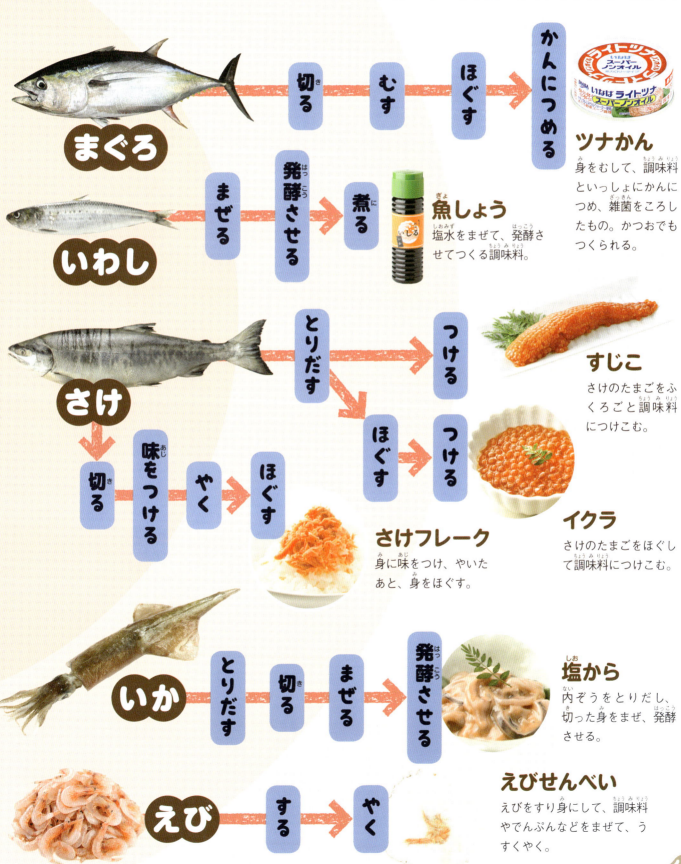

ほす ひもの

【ほす】
日光や風、熱などにあてて、水分をとりのぞく。

ほして、かんそうさせたものが「ひもの」です。よぶんな水分がぬけて生のままより、味がこくなり、長もちもします。でも、そのままほしただけでは、おいしいひものはできません。

あじが ひものに へんしん！

あじがどのようにして、ひものにすがたをかえるのでしょう。

開く

あじを開く

おなかに切り目を入れて、えらや、はらわたなどの内ぞうをとりのぞきます。その後、おなかからせぼねにそって切り、身を開きます。

ひとつひとつきれいに開いていく。

2 あらう
血や、はらわたをきれいにあらう
血や、はらわたのかすをとりのぞきます。

いきおいよく水をかけて、血をあらいながす。

3 つける
塩水につけこむ
あじを塩水につけることで、味がつき、日もちをよくします。

つけこむ時間は、魚の大きさやあぶらののり、気温などでかえる。

4 ならべる
あみにならべる
塩水から出してあらい、水気をきったら、重ならないようにあみの上にていねいにならべます。

開いた身を上にしてならべる。

5 ほす
ほしてかんそうさせる
外に出して太陽の光でほすこともありますが、いつも同じじょうたいに仕上げるため、機械を使うこともあります。ほす間に、魚がもつこうそによって、うま味のもとがつくられます。

機械を使う場合は、屋内でかんそうさせる。

天日ぼしの場合では、日にあたるようにときどき表うらを返す。

できあがり
ひもののかんせい
塩水につけるので、「塩ぼし」、身を開いてほすので「開きぼし」ともいいます。火を通してからいただきます。

ひもの（塩ぼし）

ひもの いろいろ味くらべ

いろいろな魚がひものにすがたをかえています。素材をそのままほすかんたんなものや、たれにつけこんでからほすもの、煮てからほすもの、つくり方もいろいろあります。

素ぼし

塩などをいっさいくわえずに、そのままほしたもの。身がかたくなるまでほしてあり、長もちします。

するめ
あぶったり、煮てやわらかくしたりしてから食べる。

> かめばかむほど、いかの味がしみでてくる

たたみいわし
たまごからかえり、1～2センチメートルに成長したいわしを四角いかたに入れて、ほしてつくる。

> ぱりぱりしている

塩ぼし

魚を塩水でつけてからほしたもの。素ぼしより塩味がきいていて、長もちします。

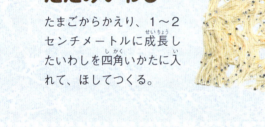

いわしの丸ぼし
おなかを開かず、そのままほすので、「丸ぼし」という。

ししゃも

> たまごがぷちぷち

カペリン（からふとししゃも）

ししゃもの丸ぼし
あまり日本ではとれないので、海外の「カペリン」という魚が代わりに使われている。

> 頭から丸かじり

> つ〜んとするきついにおい

> ほどよい塩味

あじの開きぼし
いちばん多く食べられているひもの。

くさや
何十年も使いつづけた塩水の「くさやじる」に、あじやとびうおをつけこんでやく。

煮ぼし

魚をゆでたあとに、かんそうさせたもの。ゆでることで、雑菌が死ぬため、長もちします。

いわしの煮ぼし

4センチメートル以上に成長したいわしを塩ゆでし、かんそうさせたもの。

かめばかむほど味が出てくる

こうやって食べるよ

みそしる

みそしるなどのだしに使われる。

ふっくらしている

しらすぼし

たまごからかえり、1〜2センチメートルに成長したいわしを使う。ゆでたあと、数時間だけほす。

こうやって食べるよ

しらすどん

ごはんにのせて、しょうゆをたらして食べる。

しらすぼしよりも少しかたい

ちりめんじゃこ

しらすぼしをさらに、半日から1日ほどかんそうさせたもの。しらすぼしより長もちする。

みりんぼし

しょうゆやみりんなどにつけこんだあと、ほしたもの。

ごまがこうばしい

さばのみりんぼし

上にごまがふりかけてある。あまからい味がとくちょう。

いぶす

かつおぶし

かつおの切り身を何回もかけていぶし、水分をぬきます。いぶすことで、身をくさらせる雑菌が死んで長もちし、どくとくのかおりや味も生まれます。また、表面にカビを生やすことで、さらに水分がぬけ、かたいかつおぶしになります。かつおぶしは、かんせいまでおよそ120日間もかかります。

【いぶす】ものをもやしてけむりが出るようにする。

かつおが かつおぶしにへんしん！

かつおがどのように、かたいかつおぶしにすがたをかえるのでしょう。

1 切る　かつおを切る

よぶんなところをとりのぞいて、かつおぶしの形に切りわけます。

頭や、ほね、内ぞう、ひれ、おなかのよぶんな肉をとりのぞく。

2 煮る　切った身を煮る

かごにきれいにならべ、かごごと湯に入れて60〜90分煮ます。

温度や時間は魚の身のようすでかえる。

3 ぬく
ほねをぬく
身の中の小さなほねを1本ずつていねいにぬいていきます。

水の中で皮やうろこ、よごれなどもきれいにとる。

4 いぶす
いぶしてかんそうさせる
まきをもやし、そのけむりと熱でかつおの身をいぶします。何回かに分けていぶし、水分をぬいていきます。

この機械の中でいぶす。

5 けずる
表面をけずる
表面についたけむりのせいぶんをけずりおとし、形を整えます。

けずることで、このあとつけるカビが育ちやすくなる。

6 発酵させる・ほす
カビを生やして、日にほす
「カツオブシカビ」をふきつけ、カビが生えやすい温度や湿度の部屋に入れてカビを育てます。全体にカビがついたら、日なたにほします。カビはかつおぶしの水分をすいとり、身のタンパク質をうま味にかえていきます。カビづけと日ぼしを3～6回くり返したらかんせいです。

おいしいかつおぶしをつくるカツオブシカビを選びだす。

できあがり
かつおぶしのかんせい
いろいろなあつさや形にけずって使います。身のあぶらが少ないため、すんだだしがとれます。

雨つぶが1てきでも落ちると、しみになってしまうので、天気にはとても気を使う。

けずったかつおぶし　　かつおぶし

つける めんたいこ

[つける] 食材を調味料や酒などに、ある時間入れておくこと。

「すけとうだら」という魚のたまごを塩につけ、そのあととうがらしなどで味つけしたのが「めんたいこ」です。風味をくふうした、とくせいのたれにつけこみます。

すけとうだらのたまごが めんたいこにへんしん！

めんたいこにする、すけとうだらのたまごは、うすい皮のふくろの中に、たくさん入っています。どのように、めんたいこにすがたをかえるのでしょう。

1 あらう

たまごの入ったふくろをあらう

たまごの入ったふくろを、よくあらい、きれいにします。

ていねいにあらう。

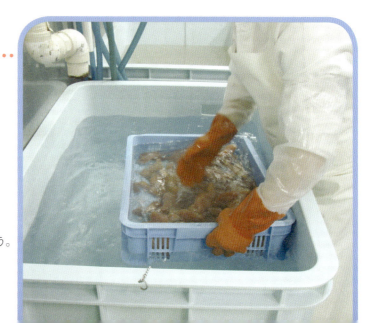

2 つける

塩のたれにつける

塩と調味料の入ったたれに、1日つけこみます。これが「たらこ」です。

たるの中でつけこむ。

3 分ける

たらこを大きさなどで分ける

できたたらこは、あらって水をきり、大きさや重さ、色などによって、分けられます。このままでも、ふつうのたらことして食べられます。

あらったたらこ。

色や大きさなどによって、何しゅるいかに分けられる。

4 つける

とうがらしの入ったたれにつける

たらこをバットにならべて、とうがらしなどの入った、とくせいのたれにつけこみます。

メーカーごとにたれの味をくふうしている。

5 しぼる

よぶんなたれをしぼる

きれいにならべて、ゆっくりとたれをきります。

たれをきることで、たまごのつぶつぶした感じがのこる。

めんたいこ

できあがり

めんたいこのかんせい

ようきに入れられ、店にならびます。

する

かまぼこ

【する】
こすって細かく
くだく。

白身魚の肉をすりつぶしたすり身を板にのせ、むしたものが「かまぼこ」です。ていねいにすりつぶすことで、なめらかなすり身ができます。

魚が かまぼこにへんしん!

魚がどのようにして、かまぼこにすがたをかえるのでしょう。

する
身をすりつぶす

頭やほね、皮、内ぞうをきれいにとりのぞき、ほぐした身を、すり機を使いすりつぶします。

ようすを見ながら水をくわえ、ちょうどいいやわらかさになるまですりつづける。

材料になる白身魚。ぐちやすけとうだらなどを使う。

2 味をつける

塩などで味をつける

塩を少しずつくわえながら、すりつづけ、最後に卵白やでんぷん、さとう、みりんなどの調味料をくわえて、よくあわせます。

塩には、味つけのほか、ねばりを出してまとまりをよくするはたらきもある。

3 こす

こしてなめらかにする

こし機に入れて、のこっている細かいほねや皮をとりのぞきます。

きめ細かい、つやつやしたすり身のできあがり。

4 もりつける

板の上にもりつける

板はかまぼこのよぶんな水分をすいとる。

機械にすり身を入れると、板の上に半月の形になって、おしだされます。ひとつひとつ手でもりつける方法もあります。

5 むす

じっくりとむしあげる

中心まで火が入るように、時間をかけてむしあげます。むしあがったあとは、あたたかいままだと、くさりやすいため、すぐにひやします。

むしたかまぼこは、だん力がある。

できあがり！

かまぼこのかんせい

ラップフィルムなどでほうそうされ、お店にならびます。

かまぼこ

こうやって食べるよ

さしみ
切ってしょうゆをつけて食べる。

ねりもの いろいろ味くらべ

かまぼこのように、魚のすり身を使ってつくった食べものを「ねりもの」といいます。ねりものにはたくさんのしゅるいがあります。

かわりだねもいっぱい

やき目がこうばしい

かまぼこ
よく知られている紅白のかまぼこのほかにも、やいてつくるものや、いろいろな味つけのものもある。

ちくわ
すり身をぼうにまきつけて、やいたもの。ぼうをぬいたときにできるあながとくちょう。

ふわふわの口あたり

いろいろな具をねりこむ

こうやって食べるよ

いそべあげ
衣に青のりを使ってあげた、給食にもよく出るこんだて。

はんぺん
すり身に、山いもなどをくわえてねりあげ、ゆでてつくる。空気をたっぷりふくんでいて、やさしい味。

さつまあげ
油であげてつくる。関西では「てんぷら」、鹿児島では「つけあげ」などとよばれ、丸や四角、形はさまざま。

こうやって食べるよ

おでん
おでんの具の代表選手。だしが出て、おでんの味の決め手に。

もっと
すがたをかえる食(た)べもののひみつを知(し)りたい

すがたをかえるひみつのこと、いろいろ調べてみよう！

食べものは、さまざまな手をくわえられて、すがたをかえています。もっと知りたいと思ったことはどんなことですか？　自分でいろいろ調べてみて、すがたをかえる食べものについて、もっとくわしくなりましょう。

こんなことを知りたい！

ぼくもへんしんマップをつくってみよう。
大すきなたまごは
どんな食べものにすがたを
かえているのかを調べてみたいな。

わたしは小麦を水でねって、
小麦ねんどをつくってみたわ。
大豆や米などは、食べもの以外のものに
すがたをかえたりするのかしら？

ぼくは、いろいろな食べものの
はじまりも知りたいな。
大豆や米は、いつぐらいから
食べられるようになったんだろう？

「うま味」という言葉をよく聞くけど、どんな味なんだろう？
あまいのかな？　塩からいのかな？

食べものがすがたをかえると、えいようはどうかわるのかな？
それぞれの食べものついてくわしく調べてみよう。

じょうほうを集めるには…

●図書館などで本を調べる

料理の本や、食材の加工をテーマにした本などを調べてみましょう。

●食べものの原材料を見る

加工されている食べものには、そのようきやふくろなどに原材料が書かれています。きょうみのある食べものが何からつくられているのか調べてみましょう。

●家の人に聞いてみる

家の食事に出てくるいろいろな食べものがどうやってすがたをかえるのか、料理しているところを見たり、お母さんやお父さんに聞いたりして調べてみましょう。

この先のページには、自分で調べるためのヒントがたくさんのっているよ。

食べもののはじまりのふしぎ

この本でしょうかいした食べものがどのように日本にやってきたのか、見ていきましょう。
また、すがたをかえた食べものは、人のくらしの中で、どのようにたんじょうしたのでしょう。

日本にやってきた食べものたち

わたしたちが食べている、大豆や米、小麦などの食べものは、もともとは外国にあったもの。今から数千年から数百年前、日本へやってきました。そして、気候にあわせて、日本各地でさいばいされ、少しずつ広まっていきました。

食べものはどこからやってきた？

日本は、中国大陸に近いため、食べものの多くは、中国からやってきている。

大豆
3000年ほど前に中国からつたわった。1500年前の飛鳥時代には、みそなどもつたわったといわれている。

小麦
1600年ほど前の古墳時代に中国からつたわった。この時代、神様にささげるこくもつのひとつとして、米といっしょに大切にされていた。

米
3000年ほど前に中国から九州地方へつたわった。少しずつ改良されながら、今では全国でつくられている。

さつまいも
400年ほど前の江戸時代のはじめごろ、中国からつたわった。

牛乳
1300年以上前の飛鳥時代、乳牛とともに中国からつたわった。このころは、位の高い人だけの飲みものだった。明治時代になると、ふつうの人も飲めるものになった。

魚
海にかこまれていた日本では、10000年以上前から魚をとって食べていた。そのころから、とった魚をくさらせないように、さまざまなくふうをしていた。

とうもろこし
400年以上前の安土桃山時代、ポルトガルからつたわった。スイートコーンがさいばいされはじめたのは、明治時代になってから。

じゃがいも
400年ほど前の江戸時代のはじめごろ、インドネシアからつたわった。

すがたをかえるきっかけは？

食べものがおいしくすがたをかえることは、人のくらしを豊かにするため、とても大切なことです。そのへんしんは、長い歴史の中で、どのようにして生みだされたのでしょうか。なかには、ぐうぜん発見されたものもあるようです。

大豆→なっとう

900年ほど前の平安時代、関東の武士、源太郎義家が煮豆をわらにつつんだことがはじまりという伝説がある。旅のとちゅう、わらにつつまれた煮豆は自然に発酵して糸を引いた豆にすがたをかえた。おそるおそる食べてみたら、おいしいなっとうだったといわれている。

米→おにぎり

もともとは、平安時代、旅のときに持っていく食事として広まった。ごはんをのりでまくことが広まったのは、江戸時代。のりをまくことで、えいようが高まり、さらに米つぶが手につかないことから、のりをまく習慣が広まったといわれている。

麦→パン

古代メソポタミア（現在のイラク）で、太陽の熱を利用して、石の上で、小麦粉と水をねった生地をやいたのがはじまりといわれている。このころは、まだうすくのばしてやいただけのパンだったが、その後、ほったらかしにしていた生地に、こうぼ菌がぐうぜんまざって、ふくらんだパンになったと考えられている。

じゃがいも→ポテトチップス

1853年、アメリカのレストランで出されたフレンチフライ（じゃがいもを切ってあげたもの）を見た客が、「じゃがいもをあつく切りすぎだ！」とおこった。そこで、コックがうすく切って出したものがさいしょといわれている。

129

食べもの以外にもすがたをかえる!

すがたをかえるのは、食べものにだけではありません。くらしに役立つさまざまなものにも、へんしんしています。食べものからつくっているため、かんきょうにやさしく、体にも安全です。

大豆からつくられているもの

大豆せんざい
大豆油のせいぶんがよごれを分解する。はだにも、かんきょうにもやさしい。

大豆ろうそく
大豆油からできた大豆のろうそく。すすが出にくく、空気がよごれにくい。

大豆クレヨン
大豆油とみつろう(みつばちが体から出するう)でつくったクレヨン。

牛などの家畜のえさ
とうふなどをつくるために出た、おからは、すてずに、えいよう満点のえさにする。

米からつくられているもの

消臭スプレー

こうぼ菌によって、米からアルコールのせいぶんをとりだし、それを材料につくったにおいを消すスプレー。ペットやトイレのにおいなど、さまざまなにおいを消すことができる。

のり ごはんをこねてつくる日本に古くからあるのり。木工用のせっちゃくざいと同じぐらいの強さでくっつく。しょうじはりや、家具のせっちゃくざいとして使う。

とうもろこしからつくられているもの

生分解性プラスチック

とうもろこしなどのでんぷんをもとにしてつくられる。石油からつくるふつうのプラスチックは、土にうめたててもそのままのこるが、生分解性プラスチックは、生ごみのように、土の中で分解されるので、かんきょうにやさしい。左の写真は、少しずつ分解されていくプラスチックのようき。

小麦からつくられているもの

小麦ねんど

小麦粉に水や油、塩、食用色素をまぜたもの。紙ねんどよりねばり、小さな子どもでもあつかいやすい。小麦が材料なので、家でもつくることができる。

いもからつくられているもの

オブラート

いものでんぷんをのり状にして、のばしてかんそうさせたもの。薬をつつんで、水をふくませると、飲みやすくなる。

すがたをかえる食べもののえいようせいぶん

食べものの中には、わたしたちの体をつくったり、動かしたりするための、たくさんのえいようせいぶんがつまっています。食べもののへんしんによって、そのすがたも、かわります。

体に大切なえいようせいぶん

わたしたちは、毎日、さまざまなしゅるいの食べものを食べて、それらを体のえいようにかえています。

これらのえいようせいぶんは、食べもののへんしんによって、こくなったり、まったく別のものにかわったり、へったりすることがあります。

体のえいようになるもの

体にひつような、おもなえいようせいぶんは、5しゅるい。ほかには、食物せんいや水などがある。

- **ビタミン** 体の調子を整える／体を守る／体をつくる
- **脂質** 体を動かす
- **無機質** 体をつくる
- **炭水化物** 体を動かす
- **タンパク質** 体をつくる

えいようせいぶんのへんしん

食べものがへんしんしたときにおこる、えいようせいぶんのへんかを見ていきましょう。

こくなる

食べものから水分をなくすことで、食べものの中のえいようせいぶんが、こくなる。

大豆 → 豆乳 → 湯葉

湯葉はあたためられた豆乳のタンパク質が表面に集まり、まくになったもの。豆乳よりもタンパク質がこくなっている。

牛乳 → チーズ

牛乳を菌やこうそを使ってかため、水分をぬいてつくるため、チーズでは牛乳のせいぶんがこくなる。たとえば、牛乳がもつカルシウムが、チーズなら少ない量でもたくさんとれる。

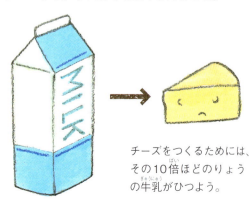

チーズをつくるためには、その10倍ほどのりょうの牛乳がひつよう。

かわる・つくられる

食べものを発酵させたり、ほしたりすることで、食べものの中のえいようせいぶんがへんかする。

米 → あま酒

米のでんぷんが、発酵によって、あまい糖にかわる。糖はおなかにやさしく、えいようになりやすい。

こうそ

こうじ菌がこうそを出して、米のでんぷんを糖にかえる。

こうじ菌

大豆 → なっとう

なっとう菌がはたらくことで、煮豆にはない、なっとうだけにしかないえいようせいぶんがつくられる。

ムチン
ねばねばのもと。胃のはたらきをよくするといわれている。

ナットウキナーゼ
血をさらさらにするはたらきがあるといわれている。

さつまいも → ほしいも

秋にさつまいもをしゅうかくしたあと、冬まで保管しておくと、でんぷんが糖にかわる。それをほすと、あまいほしいもになる。

ほす前に、数か月たくわえておく。

少なくなる

食べものを加工すると、大切なえいようせいぶんが少なくなってしまうこともある。そのえいようせいぶんも、しっかり食べられるようにくふうすることもできる。

玄米 → 白米

白米にすると、玄米のぬかにふくまれる食物せんいやビタミンがうしなわれてしまう。

玄米

玄米ごはん。ぬかがある分、歯ごたえがある。

小麦 → 小麦粉

小麦から小麦粉にするときにとりのぞく外皮には、食物せんいやビタミンがたくさんふくまれている。

全粒粉

外皮をまぜた小麦粉「全粒粉」でつくったパン。

食べものをおいしくかえる うま味のふしぎ

だしを使ったみそしると、みそをただお湯にといただけのしるを飲んでくらべてみてください。だしを使ったほうがおいしいですよね。だしには、「うま味」があるからです。

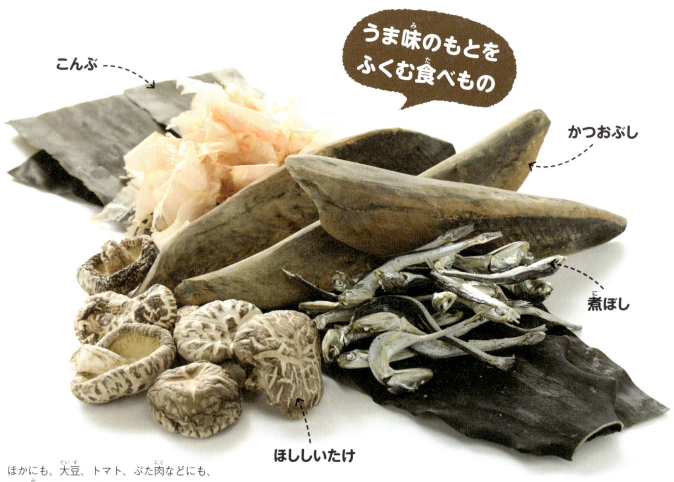

うま味のもとをふくむ食べもの

- こんぶ
- かつおぶし
- 煮ぼし
- ほししいたけ

ほかにも、大豆、トマト、ぶた肉などにも、うま味のもとはふくまれている。

うま味って何？

食べものの味は、しょっぱい「塩味」、あまい「あま味」、すっぱい「さん味」、にがい「にが味」、そして「うま味」の5つに分けられます。

これらのうち、うま味は「うまい、おいしい」という意味ではなく、グルタミン酸やイノシン酸などが出す味。たとえば、すましじるに使う、こんぶやかつおで出しただしの味も、うま味です。

うま味は、食べものの味をひきたて、料理全体をうまくまとめる大切な役割をはたしています。

いろいろなうま味のもと

グルタミン酸
おもにこんぶや野菜にふくまれる。

イノシン酸
魚や肉、かつおぶしにふくまれる。

グアニル酸
ほししいたけにふくまれる。

ほすことで
ふえるうま味

　煮ぼしやこんぶ、ほししいたけなど、うま味の強い食べものの多くは、ほしてあります。日光にあてることで、食べもののえいようせいぶんから、うま味のもとがつくりだされるからです。

　また、ほすことによって、食べものの水分がじょうはつして、うま味がこくなります。

こんぶは天日ぼしでかんそうさせる。

へんしんすることで
ふえるうま味

　食べものは、そのすがたをかえることで、うま味のもとをふやすことができます。

　みそづくりでは、「こうじ菌」というカビが、こうそを出して、みその材料である大豆のタンパク質からグルタミン酸へとかえます。これがみそのうま味のもとになります。

　かつおぶしも同じです。カビが出したこうそによって、たくさんのうま味のもとが、かつおぶしの中にためられます。

できあがったみその味は、塩味、あま味にうま味やさん味がくわわる。

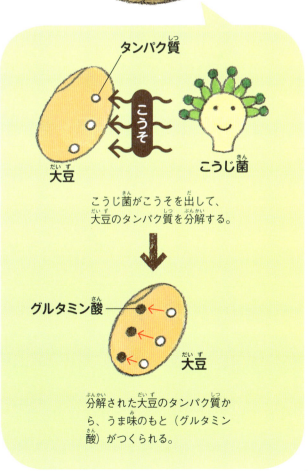

こうじ菌がこうそを出して、大豆のタンパク質を分解する。

分解された大豆のタンパク質から、うま味のもと（グルタミン酸）がつくられる。

調べたことをまとめよう

知りたいじょうほうを集めたら、いろいろな方法でまとめてみましょう。どのような表現がまとめやすく、つたわりやすいか、考えてみましょう。ここでは、いくつかのれいをあげます。

マップをつくって全体を見わたす

自分のきょうみのある食べものをれいに、へんしんマップをつくってみよう。食べものの名前や、すがたをかえるくふうを、色で分けるとわかりやすいよ。

たまごのへんしんマップ

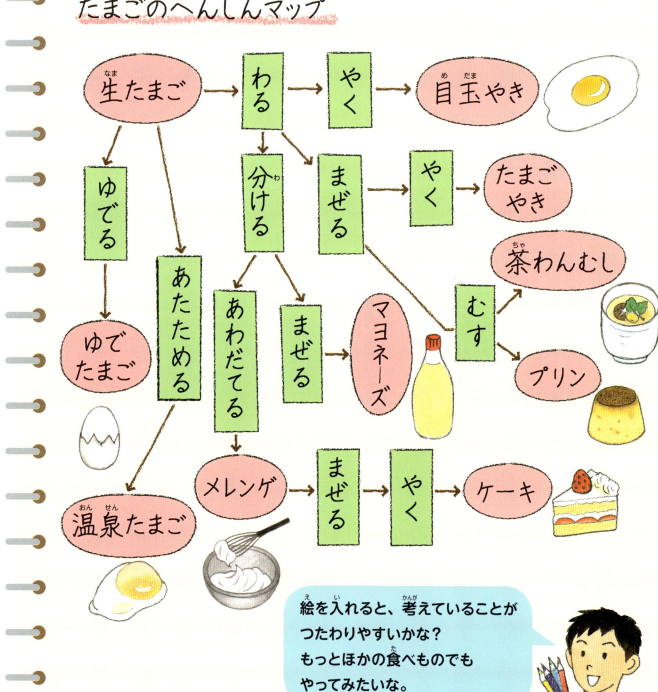

絵を入れると、考えていることがつたわりやすいかな？
もっとほかの食べものでもやってみたいな。

おいしく食べるくふうを書きだす

この本に出てきたおいしく食べるくふうの言葉を書きだしてみよう。そのくふうによって、いろいろな食べものがどんなふうにへんしんするのかも、書きだしてみよう。

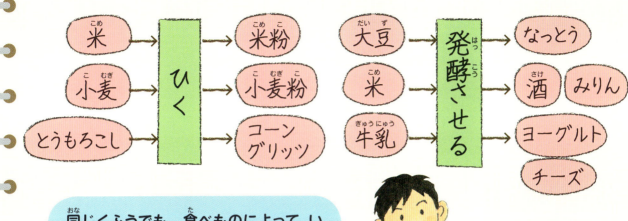

同じくふうでも、食べものによって、いろいろなものにへんしんするね。もっとくふうの言葉をさがしてみたいな。

へんしんをかんさつする

食べものがすがたをかえるようすを、料理をしてみて、かんさつしよう。料理をするときは、かならずおうちの人といっしょにやろう。

大豆が水煮にへんしん！

①かんそうした大豆をひとばん水につけた。水を入れてすぐ、大豆の皮が水をすってしわしわになったが、時間をかけてのびていった。

②大豆をたっぷりのお湯で2時間ほど煮た。あくがたくさん出てくるので、こまめにとりのぞいた。あくをなめてみたら、とてもにがかった。

③水煮のかんせい。このまま食べたら、ほんのりあまい味がした。

かたくて、そのままでは食べられない大豆も、こうやって手間をかけるとおいしく食べられるんだね。もっとほかのへんしんのようすも調べたいな。

137

さくいん

この本に出てくるおもな言葉が、どのページに出てくるかをまとめました。「すがたをかえる前の食べもの」には🔵、「すがたをかえたあとの食べもの」には🟡、「食べもののへんしん」をあらわす言葉には🔴のマークを入れています。

【あ】

- アイスクリーム🟡 ……103
- 青大豆🔵 ……9
- 赤大豆🔵 ……9
- 赤米🔵 ……51
- 赤身 ……110
- 赤みそ🟡 ……38
- あく ……15, 137
- あげる🔴 ……13, 17, 26, 27, 52, 57, 66, 90〜93
- あじ🔵 ……111, 112, 114
- 味をつける🔴 ……13, 83, 93, 123
- あたためる🔴 ……13, 19, 102, 136
- あつあげ🟡 ……27
- 油あげ🟡 ……13, 26, 27
- あま酒🟡 ……33, 53, 133
- あま味 ……35, 86, 96, 97, 134, 135
- あらう🔴 ……92, 94, 96, 98, 115, 120
- あられ🟡 ……52, 57
- あわせみそ🟡 ……39
- あわだてる🔴 ……136
- あんパン🟡 ……74

【い】

- いか🔵 ……111, 113
- イギリスパン🟡 ……75
- イクラ🟡 ……111, 113
- 石うす ……58
- いそべあげ🟡 ……124
- 糸こんにゃく🟡 ……99
- 糸引きなっとう🟡 ……48
- いなりずし🟡 ……27
- イネ ……50, 51, 64, 80
- イノシン酸 ……134

【う】

- いぶす🔴 ……112, 118, 119
- いも🔵 ……88〜91, 131
- いもけんぴ🟡 ……91
- いり豆🟡 ……9, 12, 30
- いる🔴 ……12, 30, 31, 40, 52, 67, 78, 79, 82, 84, 85
- いわし🔵 ……111, 113
- イングリッシュマフィン🟡 ……83, 87

【う】

- ういろう🟡 ……60
- うす ……57
- うすあげ🟡 ……27
- うす口しょうゆ🟡 ……44
- うどん🟡 ……66, 68, 69, 70
- うの花🟡 ……17
- うま味 ……35, 42, 107, 134, 135
- うるち米🔵 ……51, 52, 53, 58, 60, 62

【え】

- えだ豆🔵 ……9, 10
- えび🔵 ……111, 113
- えびせんべい🟡 ……113
- 塩味 ……134, 135

【お】

- 大つぶなっとう🟡 ……48
- 大麦🔵 ……64〜67, 78, 79
- おかき🟡 ……52, 57
- おから🟡 ……13, 16, 17, 130
- おこのみやき🟡 ……66
- おこわ🟡 ……56, 57
- おしかためる🔴 ……22, 27
- 押麦🟡 ……65, 67
- おす🔴 ……67
- おでん🟡 ……124
- おにぎり🟡 ……52, 55, 129
- オブラート ……131
- おぼろどうふ🟡 ……21, 22
- オリーブオイル🟡 ……29
- 温泉たまご🟡 ……136

【か】

- 返し手 ……57
- 角煮🟡 ……45
- 加工乳🟡 ……101
- かしわもち🟡 ……60
- カスタードクリーム🟡 ……83, 87
- カタクリ ……95
- かたくり粉🟡 ……90, 94, 95
- 形をつくる🔴 ……73, 83, 107
- かたどうふ🟡 ……25
- かたに入れる🔴 ……21
- かためる🔴 ……13, 20, 21, 52, 55, 83, 87, 91, 98, 99, 102, 106
- かつお🔵 ……110, 111, 112, 118, 119
- かつおぶし🟡 ……32, 111, 112, 118, 119, 134, 135
- カツオブシカビ ……119
- カビ ……106, 107, 109
- カペリン（カラフトシシャモ）🔵 ……116
- かまぼこ🟡 ……112, 122, 123, 124
- カマンベール🟡 ……106, 107, 109
- からあげ🟡 ……29
- カルシウム ……100, 110, 132
- カレーパン🟡 ……74
- かわかす🔴 ……13, 25, 53, 58, 63, 83, 95, 102
- かんしょでんぷん🟡 ……91
- かん水 ……71

かんそう湯葉 ……………………… 19
かんにつめる …………………… 82, 113
がんもどき ……………………………… 27

【き】
きしめん ………………………………… 70
黄大豆 …………………………………… 9
きなこ ……………………………… 12, 31
絹ごしどうふ …………………… 20, 23, 24
きね ……………………………………… 57
キャッサバ ……………………………… 89
キャラメル …………………………… 103
キャラメルポップコーン ……………… 85
九州麦みそ ……………………………… 39
牛乳 ……………… 100〜104, 106, 108, 128, 132, 137
牛乳寒天 ……………………………… 102
ぎょうざ ………………………………… 66
魚介類 ………………………………… 111
魚しょう ……………………………… 113
きりたんぽ …………………………… 52, 55
切り身 ………………………………… 110
切る …………… 22, 26, 66, 69, 90, 91, 93, 97, 99, 106, 112, 113, 118

【く】
グアニル酸 …………………………… 134
くさや ………………………………… 116
くだく ………………………… 28, 67, 73
くらかけ大豆 …………………………… 9
グラタン ………………………………… 71
クリーム ……………………… 102, 103, 104
クリームチーズ ……………………… 108
グルタミン酸 ……………………… 134, 135
グルテン ………………………………… 76
黒大豆 …………………………………… 9

【け】
ケーキ ………………………………… 136
けずる ……………………………… 51, 119
玄米 …………………………… 51, 52, 133

玄米茶 ………………………………… 52

【こ】
呉 ………………………………… 17, 18
こい口しょうゆ ………………………… 44
こうじ菌 …… 12, 32〜37, 40, 41, 42, 48, 53, 133, 135
こうしつ小麦 …………………………… 65
こうせん ………………………………… 79
こうそ ………………… 35, 41, 106, 108, 133
紅白まんじゅう ………………………… 60
こうぼ菌 …… 12, 32, 37, 42, 53, 66, 67, 73, 131
高野どうふ ……………………………… 25
ゴーダ ………………………………… 109
こおらせる …………………………… 13, 25
こおりどうふ ………………………… 13, 25
ゴールデンコーン ……………………… 81
コーン油 ………………………………… 82
コーンかん ……………………………… 82
コーンクリームかん …………………… 82
コーングリッツ ……………… 83, 87, 137
コーンスターチ ……………… 81, 83, 86, 87
コーン茶 ………………………………… 82
コーンフラワー ………………………… 83, 87
コーンフレーク ………………………… 83
こす ……………… 13, 16, 17, 18, 20, 123
小つぶなっとう ………………………… 48
こねる ……………… 53, 66, 69, 72, 83
ごはん ……………………… 50, 52, 54, 55
五平もち ………………………………… 38
ごま油 …………………………………… 29
小麦 ……… 40, 41, 42, 64〜67, 126, 128, 131, 133, 137
小麦粉 …… 65〜68, 70, 71, 72, 76, 133, 137
小麦ねんど ……………………… 126, 131
米 …… 33, 35, 50〜56, 58, 60, 62, 128, 129, 131, 133, 137
米油 ……………………………………… 52
米粉 ……………………………… 53, 62, 137

米こうじ ……………… 33〜36, 38, 53
米粉パン ………………………………… 53
米みそ ……………………………… 34, 37, 38
ゴルゴンゾーラ ……………………… 109
コンデンスミルク …………………… 103
こんにゃく …………………… 89, 91, 98, 99
こんにゃくいも ……………… 89, 91, 98

【さ】
さいしこみしょうゆ …………………… 45
魚 …… 110〜113, 116, 117, 122, 128, 134
酒米 ……………………………………… 51
さくさん菌 ……………………………… 53
さくらもち ……………………………… 61
さけ ……………………………… 111, 113
さけフレーク ………………………… 113
雑菌 ……………… 33, 36, 101, 117, 118
さつまあげ …………………………… 124
さつまいも …………… 88〜91, 96, 97, 128, 133
さつまじる ……………………………… 39
さといも ………………………………… 89
さます …………………………………… 35
さや ………………………………… 8, 10, 11
サラダ油 ……………………………… 12, 29
ざるうどん ……………………………… 70
ざるどうふ ……………………………… 24
さん味 ………………………………… 134, 135

【し】
ジーマーミどうふ ……………………… 25
塩から ………………………………… 113
塩ぼし ……………………… 112, 115, 116
脂質 …………………………………… 132
ししゃも ……………………………… 116
自然薯 …………………………………… 89
しぼる ……………………… 43, 82, 121
しみどうふ ……………………………… 25
ジャージー …………………………… 100

じゃがいも● ……88, 89, 90, 92〜95,
　　　　　　　　　　　128, 129
じゅうてんどうふ● ………………23
消臭スプレー ……………………131
上新粉● …………………53, 57〜60
しょうゆ● …… 12, 32, 33, 40, 42, 43
しょうゆこうじ …………………41
上用粉● ……………………………60
食パン● ……………………………73
食品てんか物 …………………28, 71
食物せんい …………………17, 133
しらすどん● ……………………117
しらすぼし● ……………………117
白玉粉● ………………………60, 61
シルバーコーン● …………………81
白しょうゆ● ………………………45
白身 ………………………………110
白みそ● ……………………………38
新粉● …………………………60, 62

【す】
酢● …………………………………53
すあま● ……………………………59
スイートコーン● ………81, 85, 128
スイートポテト● …………………91
水酸化カルシウム ……………98, 99
すきやき● …………………………44
すくう● …………………13, 18, 19
すけとうだら● ………111, 112, 120
すじこ● ……………………111, 113
スナックがし● ……………………83
スパゲティ● ………………………71
素ぼし● ……………………112, 116
すりおろす● ………………………94
すりつぶす● …… 12, 16, 18, 20, 35,
　　　　　　　　　　　86, 91, 98
すり身● ……………………122, 124
する● …………………… 59, 112, 122
するめ● …………………………116

【せ】
生分解性プラスチック …………131
ぜんざい● …………………………61
せんべい● ………… 53, 60, 62, 63, 111
全粒粉● ………………………65, 133

【そ】
ぞうに● ………………………38, 57
そうめん● ……………………66, 70
ソフトクリーム● ………………103

【た】
大学いも● …………………………91
ダイズ ………………………… 8, 10
大豆● ……… 8〜18, 20, 28, 30〜37,
　　　　　39〜42, 46, 47, 48, 128, 129, 130,
　　　　　　　　132, 133, 135, 137
大豆油● …………………… 12, 28, 29
大豆クレヨン ……………………130
大豆せんざい ……………………130
大豆もやし● ………………………10
大豆ろうそく ……………………130
大徳寺なっとう● …………………48
大福● ………………………………61
たく● ………………… 52, 54, 55, 67
たくわえる● …………………91, 96
タコス● ………………………83, 87
たたみいわし● …………………116
だっし乳 …………………… 102, 104
だっし粉乳● ……………………102
たねもみ ………………………50, 51
タピオカ● …………………………89
たまごどうふ● ……………………25
たまごやき● ……………………136
玉こんにゃく● ……………………99
たまりしょうゆ● ……………42, 45
たらこ● ……………………111, 121
だんご● ………………………53, 59
淡色みそ● …………………………38
炭水化物 …………………………132

タンパク質 ………100, 106, 108, 110,
　　　　　　　　　　119, 132, 135

【ち】
チーズ● …… 32, 103, 106, 107, 108,
　　　　　　　　　　　132, 137
チーズケーキ● …………………108
チェダー● ………………………109
ちくわ● ……………………112, 124
茶大豆● ……………………………9
茶わんむし● ………………… 44, 136
中華どん● …………………………95
中華めん● …………………………71
中間しつ小麦● ……………………65
調合みそ● …………………………39
調製豆乳● ……………………13, 17
ちりめんじゃこ● ………………117

【つ】
つき手 ……………………………57
つく● ………………… 52, 56, 57, 63
つける● ……… 112, 113, 115, 120, 121
つつむ● ………………… 61, 66, 105
ツナかん● ………………………113
つぶす● ………… 52, 55, 57, 82, 83, 91
つめる● ………………… 36, 43, 47, 79

【て】
寺なっとう● ………………………48
デントコーン● ……………………81
天日ぼし ………………………115
でんぷん …… 50, 54, 83, 86, 87, 90, 91,
　　　　　　　　　94, 95, 131, 133

【と】
糖 ……………………………32, 73, 133
東海豆みそ● ………………………39
豆乳● …13, 16, 17, 19, 20, 21, 23, 132
豆乳飲料● ……………………13, 17
とうふ● ……………………9, 13, 20〜27
とうふハンバーグ● ………………25

道明寺粉● …………………… 61
とうもろこし● ……… 80～84, 86, 87,
　　　　　　　　　　　128, 131, 137
ドーナツ● ………………… 13, 17, 66
とぐ ……………………… 54, 56, 58
とりだす● …… 12, 28, 52, 66, 76, 83,
　　　　　　　　86, 90, 91, 94, 95, 112, 113
とりのぞく● ………… 28, 29, 51, 86
トルティーヤ● …………………… 83, 87

【な】
長いも● ……………………………… 89
ナチュラルチーズ● ……………… 108
なっとう● …… 12, 32, 33, 46, 47, 48,
　　　　　　　　　　　129, 133, 137
ナットウキナーゼ ……………… 133
なっとう菌 …… 12, 32, 33, 46, 47, 133
なっとうごはん● ………………… 48
なっとうじる● …………………… 48
生呉 …………………………………… 16
生しょうゆ● …………………… 43, 45
生たまご● ………………………… 136
生ふ● …………………………… 67, 77
ならべる● ………………………… 115
ナン● ……………………………… 74
なんしつ小麦● …………………… 65

【に】
にが味 …………………………… 134
にがり ………………………… 20～23
にぎる● ……………………… 52, 55
二条大麦● ………………………… 65
煮つめる● ……………………… 103
煮ぼし● …… 111, 112, 117, 134, 135
日本酒● ……………………… 33, 53
煮豆● ……………………………… 9, 15
乳飲料● …………………………… 101
乳牛● ……………………………… 100
乳酸菌 …… 12, 32, 37, 42, 102, 103,
　　　　　　　　　　　106～109
乳酸菌飲料● ……………………… 102

乳しぼう● ……… 100, 101, 104, 105
乳製品● …………………………… 103
乳糖 ………………………………… 32
煮る● …… 12～15, 17, 18, 20, 67, 112,
　　　　　　　　　　　113, 118

【ぬ】
ぬか ………………………… 51, 133
ぬか層 …………………………… 50, 51
ぬく● …………………………… 119
熱をくわえる● ………… 43, 83, 91

【ね】
ねりもの● ……………………… 124
ねる● …… 53, 59, 60, 61, 83, 90, 91,
　　　　　　　　95, 99, 102, 104, 105

【の】
のばす● ………… 28, 66, 68, 69, 83, 87
のり豆● ……………………………… 9

【は】
バーボン・ウイスキー● ……… 82
はい芽 …………… 50, 51, 64, 80, 86
バイカラーコーン● ……………… 81
はい軸 ……………………………… 8
はい乳 …… 8, 50, 64, 65, 80, 83, 86, 87
はかる● ……………………… 54, 94
白米● …………………… 51, 53, 133
バゲット● ………………………… 75
はさむ● …………………………… 60
パスタ● ………………………… 66, 71
バター● ……………………… 102～105
バタークリーム● ………… 102, 105
バターロール● …………………… 73
はだか麦● ………………………… 65
発酵 ………………………… 32, 33, 133
発酵させる● …… 34, 35, 37, 40～42,
　　46, 47, 53, 66, 67, 72, 73, 82, 102,
　　103, 106, 107, 112, 113, 119, 137
はったい粉● ……………………… 79

パン● …………… 64, 67, 72～75, 102,
　　　　　　　　　　　129, 133
パン粉● ……………………… 67, 73
はんぺん● ……………………… 124

【ひ】
ビーフン● ………………………… 53
ビール● …………………………… 67
火入れ …………………………… 43
ひきわりなっとう● ……………… 48
ひく● …… 12, 31, 53, 58, 62, 65, 66,
　　　　　　　　67, 79, 83, 137
ピザ● ……………………… 64, 67, 75, 108
ビタミン ……………………… 132, 133
ひもの● ………… 112, 114, 115, 116
ひやす● ………………… 47, 91, 103
ひややっこ● …………………… 24
開きぼし● ……………………… 116
開く● …………………………… 114

【ふ】
ふかしいも● ……………………… 90
ふくらます● ……………………… 52
フジッリ● ………………………… 71
ふすま● ………………………… 65
フライドポテト● ………………… 90
ふりかける● …………………… 47
プリン● ………………………… 136
ふるう● ……………………… 31, 59, 65
プレッツェル● …………………… 75
プロセスチーズ● …………… 108, 109

【へ】
ベーグル● ………………………… 75
ペンネ● ………………………… 71

【ほ】
穂 …………………………… 50, 64
ホイップクリーム● …………… 102
ほうとう● ………………………… 70
ボーロ● ……………………… 90, 95

ほぐす● ……………………………… 113
ほしいも● ……………… 91, 96, 97, 133
ほししいたけ● …………………… 134
ほしなっとう● …………………… 48
ほす● …… 82, 84, 91, 96, 97, 112, 114,
　　　　　115, 119
細くのばす● ……………………… 53
ホットケーキ● …………………… 66
ホップ ……………………………… 67
ポップコーン● …………… 81, 82, 84, 85
ポテトチップス● …… 90, 92, 93, 129
ホルスタイン ……………………… 100
ポンがし● ………………………… 52

【ま】
マーガリン● ……………………… 29
まきつける● ……………………… 77
まぐろ● ……………………… 110, 111, 113
マシュマロ● ………………… 82, 87
まぜる● …… 12, 13, 17, 29, 36, 41, 52,
　　　　　53, 60, 61, 66, 68, 82, 83, 87, 102,
　　　　　103, 107, 109, 113, 136
まとめる● ………………………… 68
まぶす● ……………………… 82, 83, 87
豆こうじ● ………………………… 39
豆みそ● …………………………… 39
マヨネーズ● ……………… 12, 29, 136
丸ぼし● …………………………… 116
丸める● ……………………… 57, 90, 95
回す● ………………………… 102, 104
マンナン ……………………… 89, 98

【み】
ミートソーススパゲティ● ……… 71
ミール ……………………………… 28
水気をきる● … 22, 24, 25, 27, 30, 115
水煮● ………………… 12, 14, 15, 33, 137
水につける● …… 12, 14, 16, 18, 20,
　　　　　34, 40, 46
みそ● ……… 9, 12, 32, 33, 34, 37, 38,
　　　　　42, 135

みそ煮こみうどん● ……………… 39
ミネストローネ● ………………… 15
みりんぼし● ………………… 112, 117

【む】
麦● ………………… 33, 64, 65, 66, 129
麦こうじ● ………………………… 39
麦こがし● …………………… 67, 79
麦ごはん● ………………………… 67
無機質 …………………………… 132
麦茶● ………………………… 67, 78, 79
麦みそ● …………………………… 39
むく● ……………………………… 92
むしパン● ………………………… 66
むす● ……… 12, 13, 34, 40, 46, 52, 53,
　　　　　56, 59～62, 66, 67, 82, 90, 91, 97,
　　　　　112, 113, 123, 136
無洗米 ……………………………… 51
ムチン …………………………… 133
むらす● …………………………… 55

【め】
目玉やき● ………………………… 136
メレンゲ● ………………………… 136
メロンパン● ……………………… 74
めん● ……………………………… 70
めんたいこ● ……………… 112, 120, 121

【も】
もち● ……………………… 52, 56, 57
もち粉● ……………………… 60, 61
もち米● ……………… 51, 52, 56, 60, 61
モッツァレラ● …………………… 108
もみ ………………………………… 64
もみがら ……………………… 50, 51
木綿どうふ● ……………… 20, 23, 24, 25
もやし ……………………………… 10
もりつける● ……………………… 123
もろみ● ……………………… 40～44

【や】
やきいも● ………………………… 90
やきそば● ………………………… 71
やきどうふ● ……………………… 25
やきふ● ……………………… 67, 76, 77
やく● …… 25, 52, 53, 57, 62, 63, 66,
　　　　　67, 72, 73, 77, 83, 87, 90, 91, 95, 102,
　　　　　112, 113, 136
山いも● …………………………… 89
大和いも● ………………………… 89
ヤングコーン● …………………… 81

【ゆ】
ゆでたまご● ……………………… 136
ゆでる● …………… 53, 59, 61, 66, 91, 136
湯葉● ………………… 13, 18, 19, 132
湯葉さし● ………………………… 19

【よ】
ヨーグルト● ……………… 32, 103, 137
よせどうふ● ……………………… 24

【ら】
ラーメン● …………………… 66, 71
ラッシー● ………………………… 103
ラムネ● ……………………… 83, 87

【れ】
練乳● ……………………………… 103

【ろ】
六条大麦● ………………………… 65

【わ】
ワキシーコーン● ………………… 81
分ける● ……………………… 121, 136
わらびもち● ……………………… 91
わる● ……………………………… 136

取材・写真提供・協力者一覧（五十音順）

<本文>
アーネスト株式会社（p130）／家田製菓株式会社（p52）／いなば食品株式会社（p82,113）／魚沼みなみ農業協同組合（p51）／NPO法人小田原食とみどり（p11）／大江ノ郷自然牧場（p130）／小川産業株式会社（p67, 78, 79）／鹿児島県（p39）／学校法人北里研究所（p32）／株式会社天塩（p21）／株式会社おかべや　天然パン工房（p72, 73）／株式会社J-オイルミルズ（p82）／株式会社十勝野フロマージュ（p106, 107）／株式会社西海（p112, 120, 121）／株式会社日清製粉グループ本社（p65）／株式会社にんべん（p32, 112, 118, 119）／株式会社ファーメンステーション（p131）／株式会社丸実屋（p91, 98, 99）／株式会社明治（p83）／株式会社ヤクルト本社（p102）／株式会社山清（p15）／カルビー株式会社（p92, 93）／カルピス株式会社（p102, 104, 105）／北宗谷農業協同組合（p100）／キッコーマン飲料株式会社（p13, 17）／絹庄茶屋（p66, 68, 69）／五箇山総合案内所（p25）／国立科学博物館（p32）／サニーアワーズ＜www.sunnyhours.org＞（p130）／敷島スターチ株式会社（p86）／斜里町農業協同組合　中斜里澱粉工場（p94, 95）／しょうゆ情報センター（p12, 32, 44, 45）／新中野工業株式会社（p51）／杉田とうふ屋（p13,18～27, 132）／すっぴん家具マルタ／（p131）／生活協同組合コープしが（p23）／全農パールライス株式会社（P51）／宝酒造株式会社（p53, 82）／瀧川オブラート株式会社（p131）／谷川醸造株式会社（p113）／築野食品工業株式会社（p52）／DESIGN & PRODUCTS SHEEP　デザインアンドプロダクツ　シープ（p130）／東北牧場（p81、86）／トウモロコシノセカイ＜http://www.toumorokoshi.net/＞（p81）／長野牛乳株式会社（p101）／日清オイリオグループ株式会社（p28, 29）／日本バイオプラスチック協会（p131）／フジッコ株式会社（p15）／干し芋のタツマ（p91, 96, 97, 133）／本家磯田（p48）／マルカワみそ株式会社（p33～39, 135）／みそ健康づくり委員会（p12, 32, 38, 39）／ミツカングループ（p32, 53）／有限会社伊勢兼商店（p122, 123）／有限会社伊藤食品（p46～47）／有限会社奥山製麩所(p67,76,77)／有限会社かねせい水産（p114, 115, 116）／有限会社はっぴー農産（p81, 84）／有限会社富士見堂　撮影：御厨慎一（p53, 60, 62, 63）／弓削多醤油株式会社（p40～43）

<表紙・カバー・見返し>
株式会社十勝野フロマージュ／株式会社西海／カルピス株式会社／絹庄茶屋／杉田とうふ屋／干し芋のタツマ／マルカワみそ株式会社／有限会社伊勢兼商店／有限会社かねせい水産／有限会社はっぴー農産／有限会社富士見堂　撮影：御厨慎一

<そのほかの写真協力>
Photolibrary, PIXTA
Fotolia.com
（Africa Studio, ak, Arancio, bee*, blanche, Caito, cocone, Dmitri Stalnuhhin, fotek, funny face, hanabiyori, happyyuu, haru, kai, karin, karinrin, ki3c, kim, KPS, kyonnta, Leonid Nyshko, Mara Zemgaliete, moonrise, nancy10, Natika, Nishihama, NOBU, norikko, nutria3000, Paylessimages, photosomething, poko42, Reika, rockandsea, sasazawa, shashamaru, siro46, sumire8, taa22, tamayura39, tpzijl, Tsuboya, uckyo, varts, Vasilius, violet711）

すがたをかえる食べものずかん
大豆・米・麦・とうもろこし・いも・牛乳・魚

監修
石井克枝（いしい　かつえ）

1950年山形県生まれ。お茶の水女子大学大学院家政学研究科食物学専攻修了。大妻女子大学家政学部、福島大学教育学部、千葉大学教育学部教授を経て現在、淑徳大学看護栄養学部栄養学科教授、千葉大学名誉教授。2012年より内閣府食品安全委員会委員（非常勤）、（一社）日本家政学会会長、（一社）日本調理科学会副会長、日本家庭科教育学会理事、子どものための味覚教育研究会会長（IDGE）。主な共著書「ピュイゼ、子どものための味覚教育　食育入門編」（講談社）、「新調理学」（光生館）、「食品を科学する」（大成出版社）、小・中家庭科教科書（開隆堂出版）、高等学校家庭科教科書フードデザイン（教育図書）。

装丁・本文デザイン	周玉慧
DTP	Studio Porto
編集協力	漆原泉　山内ススム
撮影	上林徳寛
イラスト	光安知子
校正協力	青木一平　村井みちよ
編集制作	株式会社　童夢
取材協力	小川産業株式会社
	杉田とうふ屋

2017年1月　初版
2025年2月　第11刷

監修　石井克枝
発行者　岡本光晴
発行所　株式会社あかね書房
　　　　〒101-0065
　　　　東京都千代田区西神田3-2-1
　　　　電話　03-3263-0641（営業）
　　　　　　　03-3263-0644（編集）
　　　　http://www.akaneshobo.co.jp
印刷・製本　TOPPANクロレ株式会社

ISBN978-4-251-09385-1
ⓒAkaneshobo／2017／Printed in Japan
● 落丁本・乱丁本はおとりかえします。
● 定価はカバーに表示してあります。

NDC619
監修　石井克枝
すがたをかえる食べものずかん
大豆・米・麦・とうもろこし・いも・牛乳・魚
あかね書房　2017　144P　31cm×22cm